全集 伝え継ぐ 日本の家庭料理

漬物・佃煮・なめ味噌

(一社)日本調理科学会 企画・編集

はじめに

日本は四方を海に囲まれ、南北に長く、気候風土が地域によって大きく異なります。このため各地でとれる食材が異なり、その土地の歴史や生活の習慣などともかかわりあって、地域独特の食文化が形成されています。地域の味は、親から子、人から人へと伝えられていくものですが、食の外部化が進んだ現在ではその伝承が難しくなっています。このシリーズは、日本人の食生活がその地域ごとにはっきりした特色があったとされる、およそ昭和35年から45年までの間に各地域に定着していた家庭料理を、日本全国での聞き書き調査により掘り起こして紹介しています。

本書では、各地の漬物や佃煮、味噌やなめ味噌を集めました。かつては、たくさんとれた旬のものを食べつなぐ大切な保存食でした。今は新たな役割が期待されます。

大根や赤かぶ、さまざまな地方品種が今に伝わる菜っぱ類の漬物は、冬を越すために食べ続けているうちに発酵が進み、すっぱくなると煮たり炒めたりして最後まで食べます。乳酸菌がつくり出す自然のすっぱさです。季節の野菜を手軽に食べられるぬか漬けや麹床の一種である三五八漬けも、発酵の力で生野菜にはない風味やおいしさを加えます。

味噌やなめ味噌も発酵食です。米や麦や大豆に麹が加わり、複雑なうま味や甘さが生まれます。山椒や小魚などの季節を感じさせる佃煮の中には、かつてよりもうす味で素材の風味や色味を生かすつくり方に変わりながら受け継がれるものもあります。それ自体でお腹を満たすものではなくても、そのおいしさでご飯の供に欠かせない食卓の名脇役として、これからも折々につくり味わっていきたいものです。

聞き書き調査は日本調理科学会の会員が47都道府県の各地域で行ない、地元の方々にご協力いただきながら、できるだけ家庭でつくりやすいレシピとしました。実際につくってみることで、読者の皆さん自身の味になり、そこで新たな工夫や思い出が生まれれば幸いです。

２０１９年８月

一般社団法人 日本調理科学会 創立50周年記念出版委員会

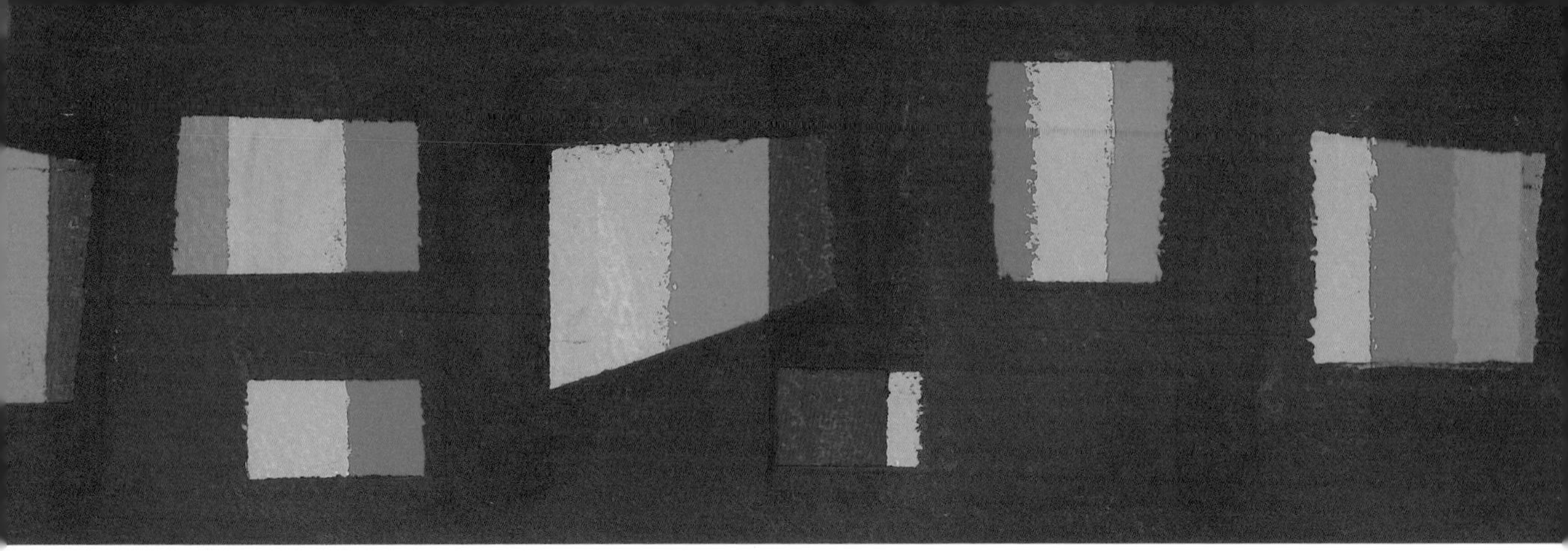

目次

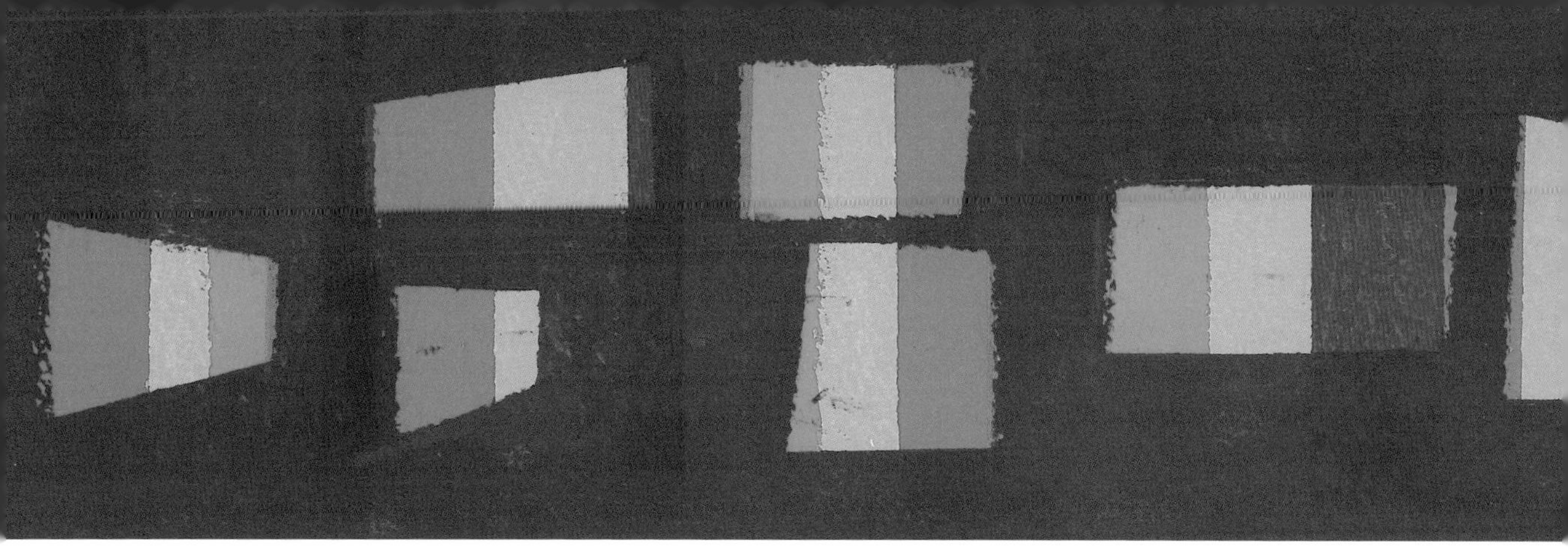

イラスト／武藤良子（目次、p120、122）

凡例

◎「著作委員」と「協力」について

「著作委員」はそのレシピの執筆者で、日本調理科学会に所属する研究者です。「協力」は著作委員がお話を聞いたり調理に協力いただいたりした方（代表の場合を含む）です。

◎ エピソードの時代設定について

とくに時代を明示せず「かつては」「昔は」などと表現している内容は、おもに昭和35～45年頃の暮らしを聞き書きしながらまとめたものです。

◎ レシピの編集方針について

各レシピは、現地でつくられてきた形を尊重して作成していますが、分量や調理法はできるだけ現代の家庭でつくりやすいものとし、味つけの濃さも現代から将来へ伝えたいものに調整していることがあります。

◎ 材料の分量について

・1カップは200mℓ、大さじ1は15mℓ、小さじ1は5mℓ。1合は180mℓ、1升は1800mℓ。

・塩は精製塩の使用を想定しての分量です。並塩・天然塩を使う場合は小さじ1=5g、大さじ1=15gなので、加減してください。

◎ 材料について

・「あら塩」は並塩・天然塩のこと。精製塩より水分やにがり分がやや多い湿った塩です。

・「梅酢」は、梅を塩漬けしたときに実から出る酸味の強い液。塩もみした赤じそを加えてできるのが赤梅酢。

・油は、とくにことわりがなければ、菜種油、米油、サラダ油などの植物油です。

・濃口醤油は「醤油」、うす口醤油は「うす口醤油」と表記します。ただし、本書のレシピで使っているものには各地域で販売されている醤油もあり、原材料や味の違いがあります。

・「砂糖」はとくにことわりがなければ上白糖です。「ザラメ」は中双糖《ちゅうざらとう》のことです。

・「豆腐」は木綿豆腐です。

・味噌は、とくにことわりがなければ米麹を使った米味噌です。それぞれの地域で販売されている味噌を使っています。

◎うま味と旨みの表記について

本書では、5つの基本味のひとつ*である「うま味（Umami）」と、おいしさを表現する「旨み（deliciousness）：うまい味」を区別して表記しています。

*あとの4つは甘味、酸味、塩味、苦味。

計量カップ・スプーンの調味料の重量 (g)

	小さじ1 (5mℓ)	大さじ1 (15mℓ)	1カップ (200mℓ)
塩（精製塩）	6	18	240
砂糖（上白糖）	3	9	130
酢・酒	5	15	200
醤油・味噌	6	18	230
油	4	12	180

大根・かぶの漬物

大根は生に近い食感を残して漬けたり、しっかり干してたくあん漬けにしたり、甘味や風味が凝縮したはりはり漬けにしたりと多彩です。鮮やかな赤かぶ漬けは、地方ごとの品種でつくり継がれてきました。ほか、しょうがやらっきょうなど、根茎の漬物も紹介します。

〈岩手県〉

大根の一本漬け

奥羽山脈の山々に囲まれ、冬季は2m以上の積雪になる西和賀では、野菜の長期保存にさまざまな漬物がつくられます。なかでも自慢の品が、大根を丸ごと塩と水だけで漬けこむ一本漬けです。新鮮な風味と歯ざわりはとれたての生大根のようで、少し酸味が出たものも「さわっとしておいしい」といいます。

大根は新鮮なみずみずしいものを使います。塩分濃度が2%以下の低い状態では塩による細胞膜の破壊が抑えられるので、生のようなパリパリとした食感が保たれます。低塩なので保存性が心配ですが、樽の水の表面が凍るほどの寒冷な気候なので雑菌の繁殖が抑えられ、乳酸発酵も緩やかに進み、ほどよい酸味とうま味が生まれます。

現在もそれぞれの家で、大樽に何十本も漬けます。樽から出すと味が変わりやすいので、人が大勢いるときに出して残らないようにするそうです。昔は寄り合いには、どんぶりに山盛りの一本漬けとどぶろくがつきものでした。

協力＝佐々木美代子、児玉たえ子、児玉美穂子　著作委員＝渡邉美紀子

<材料> 一斗樽（18ℓ）1個分

青首大根（葉を除く）*…10kg
塩…200〜250g
水…6ℓ（樽の1/3の高さまで）
大根葉…適量（大根についていた分）
赤唐辛子…5本程度

*掘りたての新鮮なものを使う。身がやわらかく甘味の強い品種がよい。

<つくり方>

1 漬物樽の内側にポリ袋を入れる。
2 水を樽の1/3の高さまで入れる。
3 大根をひと並べして塩をふり、赤唐辛子1〜2本を入れる。これを繰り返す。
4 最後に大根の葉を並べ、押し蓋をして重しをのせる。重しは、大根の重さの1〜1.5倍。
5 2週間ほどして水が上がったら、押し蓋が浸る程度まで水をとり除き、再び重しをのせてひと月ほど漬ける。重しは、最初の重さの半分にする。
6 大根を1本のままとり出し、1.2〜1.5cmの輪切りにする。

◎漬け上がる前に手を入れると空気が入りカビが生えやすい。においでできあがりを判断する。

一本漬けができあがるまで2カ月ほどかかるので、それまでは「がっくら漬け」を食べる。大根をひと口大になた切り（包丁を入れてバキッとひねりながら割るように切る）にし、葉も食べやすく切り、塩とザラメ各2.5%、酢2.3%で2〜3週間漬ける

四斗樽に40本漬けている様子。塩と水で漬けるので水漬け大根、大きいまま漬けるので大漬けとも呼ばれる

撮影／奥山淳志

〈新潟県〉

大根の渋柿漬け

佐渡でつくられている漬物で、柿をつぶして漬け床にし、生の大根を漬けたものです。塩がきいていますが、柿の自然な甘味が加わり、大根はパリパリとした食感でおいしいものです。別名を「水け大根」「即席漬け大根」ともいい、たくあんよりも早い10月頃からつくり、たくあんより早めに食べる漬物です。少し長く食べたい場合は、大根を干してから漬けると、長もちするそうですが、食感は少し変わります。

佐渡の柿は渋柿の「平核無《ひらたねなし》」と「刀根早生《とねわせ》」で、県内では「八珍《はっちん》柿」や「おけさ柿」と呼ばれています。種がなく甘くて食べやすい特産の柿で、熟したものはそのまま冷凍してシャーベットにしてもいいのですが、地元では冷蔵庫のない時代から、このように漬け床にもしてきました。おけさ柿は渋柿なので、焼酎で渋抜きをします。そのことで甘柿にはないやわらかい口触りとなり、とろけるような甘さになります。そのため、手で簡単につぶすことができます。

協力＝加藤初美、加藤カズ、加藤恭子、本間こずえ恵、吉良美代子　著作委員＝小谷スミ子

撮影／高木あつ子

<材料> 20〜30ℓの桶1個分

大根…約10kg（約10本）
渋抜きしたおけさ柿*
…約10kg（大根と同量）
塩…500〜700g
赤唐辛子…4〜5本

*渋抜きはヘタの部分を焼酎に軽くひたし、ポリ袋などに入れ口を閉じ、数日から1週間おく。

<つくり方>

1 大根は軽く洗い、葉の部分は切り落とす。桶に入らないようなら適宜切る。
2 柿は軽く洗い、ヘタを取る。皮はむかない。
3 最初に桶の底に手でつぶした柿を少し敷く。
4 柿の上に大根を並べ、塩をふる。これを繰り返して一番上につぶした柿をのせ、最後に大根の葉でおおう。途中で赤唐辛子も適宜置く。
5 押し蓋をして大根の2倍程度の重しをのせる。
6 2〜3週間から1カ月くらい、涼しいところでねかせる。味見して食べられる頃合いになったら、上がってきた水は捨て、大根がひたひたにつかるくらいの重しにする。

〈大阪府〉

大阪漬け

大根の一夜漬けです。大阪市内の家庭では、大根がある季節には夕飯の仕舞いごと（片づけ）の後に、翌朝用に千突きで手早く準備していました。夏はぬか漬け、冬は大阪漬けを毎朝食べたものです。

江戸時代後期の風俗事典『守貞《もりさだ》謾稿《まんこう》』に、大根の根と葉を細かく刻んで塩漬けにした刻茎《きざみぐき》を「江戸にて大坂漬と云、彼地の製を伝たるか」とあるので、当時からこう呼ばれていたようです。大坂の町は肥料（下肥）の供給元であり、年の瀬には農村からその返礼として大根が大量に届いたので、大根をおいしくたくさん食べる工夫として大阪漬けが生まれたと思われます。市場の漬物屋では今でも、茶碗ほどの大きさに丸めて売っています。

冬の朝ご飯に、温かい部屋で食べるお味噌汁とひんやりした大阪漬けはおいしいものでした。にんじんや、干したみかんの皮を加えて彩りや風味を添えることもありました。ある家庭では、父親がうま味調味料が大好きで、漬物によくふりかけていたそうです。

協力＝古谷泰啓・惇子、川勝晴美
著作委員＝阪上愛子

撮影／高木あつ子

＜材料＞4人分

大根…10cm（400g）
大根葉（中心のやわらかい葉・茎）…40g
塩…4.4g（野菜の1%）
好みで醤油、七味唐辛子…各適量

＜つくり方＞

1 大根は千突き（大根突き）で突く。またはせん切りにする。大根葉は2〜3mmの小口切りにする。

2 ボウルに**1**と塩を入れ、軽くもみ塩をなじませる。皿などをかぶせ、材料と同重量くらいの重しをのせて一晩おく。

3 翌朝食べる前に軽くしぼり、好みで醤油や七味唐辛子をかける。

〈秋田県〉

いぶりがっこ

「がっこ」は秋田弁で漬物のこと。いぶりがっこはいぶされた独特の香りとパリッとした歯ざわりが特長の大根やにんじんの漬物です。野菜の燻製は世界でもあまり例がなく、秋田県独自の食文化です。

横手市山内《さんない》地区はいぶりがっこ発祥の地とされています。山間部で県内でも豪雪地帯で天日干しに適さないので、大根はもっぱら屋内の梁《はり》に下げ、囲炉裏火の熱と煙で干してから漬けていました。ただ、住環境の変化で昭和30年代のような囲炉裏は現在はほとんどなくなり、大根のいぶり風景も専用のいぶり小屋で見られるだけです。

秋の大根の収穫時期は降雪もあり、収穫後の水洗い作業は厳しいものです。また、大根を編み上げて梁につるす作業も重労働で、いぶすにも火を絶やさないよう寝ずの番が続き、人手も時間もかかります。今は、専門の農家や業者でつくられていますが、いぶされた大根も市販されていますので、それを家庭で漬けてわが家の味を楽しむこともできます。

協力＝高橋キヨ子、小笠原博信
著作委員＝熊谷昌則

撮影／高木あつ子

＜材料＞ 30ℓの樽1個分

大根…30kg（いぶして10kg・生の35〜40％まで干す）
塩…500g
ザラメ…500g
米ぬか…1.5kg *

*または米ぬか750gと蒸した玄米(2番米)750g。

＜つくり方＞

【いぶし方】

1 収穫した大根の葉やひげ根をとり除き、よく洗う。
2 縄で編む（1連10本程度）。
3 小屋につるし、楢、桜などの広葉樹の薪の煙で3〜4日いぶす。表面がしわになり、「への字」になるまでいぶして乾燥させる（写真①）。
4 表面の「すす」やゴミを水で洗い流し、水けをきる。このとき、水に浮く大根は「ス入り」の可能性があるので除く。

【漬け方】

1 塩、ザラメ、米ぬかは大きめのボウルでよく混ぜ合わせておく。
2 1を約1/10量、漬け樽の底に敷き、いぶり大根をすき間なく並べる（写真②）。
3 1をふりかけ、交互に繰り返して、上部にいくほど1の量を多くする。
4 15kgくらいの重しをかけて、約1カ月後に漬け液が上がったら重しを10kgくらいに減らす。
5 2〜3カ月ほど漬けてできあがり。

〈東京都〉

東光寺《とうこうじ》大根のたくあん漬け

東光寺大根は、八王子市との境にある日野市東光寺地区に伝わる、真っ白で大変美しい大根です。練馬区で江戸時代からつくられてきた練馬大根の流れを受け継いだ大根で、首のところは細く、長いもので1mほどになります。昔から大根を干し、漬物用に加工されてきました。

大根の収穫は11月下旬から12月上旬。葉を落とし、きれいに洗って2本のひもで連になるように編んで、ビニールハウスの中につるします。干すのは約1週間で、しなる程度になったら米ぬかと塩で漬けこみます。ひと月ほどでできあがったたくあん漬けは、こりこりとしっかりとした歯ごたえがあり、さっぱりとした素朴な味わいです。

昔は生産量も多く、稲刈りの後の田んぼで干されていたそうです。現在、栽培農家は数軒になりましたが、この貴重な大根を絶やさないようにと自家採種して栽培を続けています。地元の小学校でもたくあん漬けの体験学習が行なわれ、子どもたちに伝えられています。

協力＝奥住喜則　著作委員＝白尾美佳

撮影／長野陽一

＜材料＞ 50ℓの漬物樽1個分

干し大根（東光寺大根）…10kg
米ぬか…1.3〜1.7kg（干し大根の13〜17%）
塩…40〜50g（干し大根の4〜5%）

＜つくり方＞

1. 米ぬかと塩を混ぜ合わせ、ぬか床をつくる。
2. 漬物樽の底に1のぬか床を少量ふり、干し大根を樽のカーブに沿わせるようにして、すき間なく並べる。
3. 大根全体をおおうようにぬか床をまき、大根、ぬか床と繰り返す。
4. 中蓋、重しをのせ、蓋をして1カ月ほど漬ける。

ビニールハウスで東光寺大根の干し大根をつくる（撮影／白尾美佳）

たくあんを細切りにしてごま油で炒め、かつお節をまぶしたり、チャーハンに入れてもおいしい

〈三重県〉
伊勢たくあん

晩秋になると伊勢平野のここかしこで、稲架掛《はさが》けされた大根が見られます。大根は太陽と寒風にさらされると甘味・うま味を増します。そして米ぬかを使うことで、乳酸発酵・アルコール発酵によるたくあん漬け独特の芳香、おいしさが生み出されます。

伊勢市、松阪市、明和町は伊勢平野の中心地で、広い田畑で農産物がつくられています。大正時代に改良された御薗《みその》大根をたくあん漬けで使うようになり、生産は飛躍的に発展しました。御薗大根は白首大根で、漬けこみによる色の悪変がなく、また長くて尾部まで太さが変わらないため、漬けこんだ際の段差が少ないのです。この地域は年間で晴天の日が多く、海藻や魚の干物などの乾物の加工業も発達しています。当然大根干しにも適しており、原料の大根生産と加工が一体的に行なえるのです。

昔は家庭でつくっていましたが、今では加工会社の製品を買うことが多く、三重県のみならず、関西でも根強い人気があります。

協力＝岩尾昇平、扇田節子、広瀬元久、乾尚美　著作委員＝成田美代、駒田聡子

<材料> 二斗樽1個（半樽）分

干し大根（白首大根）…25〜30kg
塩…2.5kg
米ぬか…1kg
なすの葉（乾燥）…適宜
渋柿の皮（乾燥）…適宜
◎家庭では市販の「たくあん漬けの素」がよく使われている。

<つくり方>

1 大根を洗って葉の部分をしばって霜の当たらない風通しの良い場所に干す。「の」の字形に曲がる程度まで。
2 米ぬかをふるい、その他の材料とよく混ぜ合わせておく。
3 漬物用ポリ袋を樽にセットし、**2**を2〜3つかみ底にふり入れ、干し大根を一面にすき間なく並べる。そこへ再び**2**をふり入れ、干し大根を並べる。これを繰り返す。1段ごとに靴下をはいて足で踏み込む。
4 最後に40〜50kgの重しをして、涼しいところで食べ頃になるまで保存。開封後、たくあんの量が減ったら、重しを軽くしていく。

◎これは本漬け、寒漬けと呼ばれ、土用以降に食べる漬け方。4〜6月頃に食べるためには、つくり方の1で「つ」の字に曲がる程度まで干し、塩1.8kg、米ぬか1.3kgにして、他の材料は同様に漬ける。

洗い終わった大根を次々と干していく。日を追うごとに葉はなえて黄色くなり、大根は水分が抜けてしわしわになる。天候や大根の大きさにもよるが、10〜20日で干し上がる

干す前の御園大根（奥）と干し上がった大根

漬け床からとり出したたくあん。床を洗い落とし、食べやすい大きさに切る

3年もののたくあんと漬け床

撮影／長野陽一

〈鹿児島県〉

山川漬《やまがわづけ》

薩摩半島南端の指宿《いぶすき》市山川《やまがわ》地区では、干し大根を塩だけで漬ける山川漬が400年以上前からつくられています。日常のおかずやおやつのほか、古くから漁業がさかんな山川では保存食として漁船に積みこまれました。製法は中国伝来で最初は唐漬《からづけ》と呼ばれ、江戸時代になって山川漬になりました。強く干しているので現在のたくあんよりかたく、噛みしめると干し大根の甘味やうま味が出てきます。

暖かい土地でつくる漬物なので、腐りにくくするためにできるだけ水分を除く製法がとられています。大根を干すのは約1カ月。しわしわになるまで干した大根は塩がなじみにくいので、杵《きね》でついて塩をまぶします。これを土中に半分埋めたかめつぼに漬けこみ、途中、出た水を抜きながら半年から1年ほど発酵・熟成させます。ここでは山川漬加工業者のつくり方を紹介しましたが、かつてはこの10分の1サイズのかめつぼが農家の土間にあり、同じようなやり方で漬けられていました。

協力＝内薗幸一、藤崎茂実
著作委員＝大富あき子

＜材料＞ 直径1m、深さ1.5mのかめつぼ1個分

練馬大根*…2000〜2500本
塩…30kg **

*全体が白い白首大根の一種。

**干し大根重量600kg、山川漬の塩分5%から算出。

＜つくり方＞

1. 大根畑にさお2段の干し場をつくる。畑から大根を抜き、2本一組にして葉の部分を竿にかけて、泥つきのまま干す(写真①)。
2. そのまま約1カ月、しわしわに細くなるまで干す(写真②)。重さは1/5から1/6ほどになる。
3. 干し上がった大根を水で洗い、天日で乾かす(写真③)。
4. 3を木製の細長い臼に入れ、塩をふりながら丁寧に杵でたたく(写真④)。この作業によって干し大根のしわに入った汚れを落とし、表面にまんべんなく塩をつける(写真⑤)。大根の繊維がやわらかくなり、塩がしみこみやすくなる。
5. 下部大半が地面に埋まったかめつぼの底にすのこを敷き、塩化ビニールのパイプを真ん中に立て、杵でたたいた大根をぎっしりと詰める(写真⑥)。ときどき塩をふりながら、大根と塩を交互に上まで詰める(写真⑦)。
6. ポリシートで蓋をして密閉して漬ける。重しは必要ない。途中、すのこの下にたまった水分を塩ビパイプからポンプで抜きとる。
7. 半年から1年漬ける。半年ほどであめ色になり、漬ける期間が長いほど色が濃くなる。3カ月すれば辛みがとれて甘味やうま味が増す(写真⑧)。薄く切って供する。

農家考案の自動杵臼。5本の杵でつく。昔は人力で杵と臼でつくので大変な作業だった

撮影／長野陽一

撮影／五十嵐公

＜材料＞ 4人分

納豆…150g
切り干し大根（割り干し大根）
…300g
塩…小さじ2
醤油…小さじ1（納豆についているたれでもよい）

＜つくり方＞

1. 切り干し大根を軽く水洗いをして、かたく水けをしぼる。平ザルに広げて少し乾燥させる。1/2量の塩をまぶし、よくなじませる。
2. 納豆に残りの塩を加えて白い泡が出るまで力強くかき混ぜ、1を加えてさらによく混ぜ合わせる。
3. 2に醤油を加えて味を調え、冷蔵庫で保存する。1週間ほどで食べられるが、1カ月くらいが食べ頃。それ以上保存する場合は冷凍庫に入れる。

◎切り干し大根は水けをあまり含まないようにさっと水洗いをするのがポイント。水を含み過ぎると保存がきかない。

〈茨城県〉

しょぼろ納豆

納豆で有名な水戸市で、秋から春にかけてつくる保存食です。〝しょぼろ〟の語源は、〝そぼろ〟。ぽろぽろして、発酵に失敗した糸ひきのよくない納豆の救済策として、漬物にして食べたのが始まりといわれています。江戸時代、水戸では早生《わせ》の大豆の栽培が勧められ、豆腐や味噌に向かないその小粒大豆を納豆にしておいしく食べたのです。納豆に混ぜる切り干し大根や割り干し大根も家庭でつくられていました。とくに県央から北では昼夜の寒暖差が激しいため、干した大根が夜しっかり凍り、昼間は日なたで溶けて乾燥した風にさらされ、ぶ厚く歯ごたえのよい割り干し大根ができます。この歯ごたえのよさが、しょぼろ納豆のおいしさでもあります。

本来は、納豆に切り干しや割り干しの大根を入れて塩漬けしたものでしたが、今は切り干し大根を醤油でからめるなど、即席につくって食べられています。大手スーパーでも販売され、酒のつまみやお茶うけとしても供されます。

協力＝東ヶ崎婦美子
著作委員＝石島恵美子

〈愛知県〉

割り干し大根のはりはり漬け

県北西部、濃尾《のうび》平野の中心にある稲沢市は、冬になると北西方向からの乾燥した冷たい季節風「伊吹おろし」が吹きます。昔からこの風を利用した割り干し、切り干し、花切りなどの干し大根づくりがさかんに行なわれてきました。

新鮮な大根は包丁を入れると割れやすいので、多少しなびたものを使います。晴天が続くときを見計らって干し始め、いったん乾いたらまな板の上でもみ、再び乾燥させます。このひと手間で甘味が増しおいしくなるのです。大量につくる農家はさっと水をかけてむしろでおおい、足で踏んだりするそうです。

こうしてできた割り干しのはりはり漬けは、弾力ある歯ごたえと干し大根特有の風味や甘味があり、深い味わいです。お茶うけや弁当のおかずにもするそうで、3月から9月は酢を多めにするなど季節によって調味料の割合を変えます。細かく刻んですし飯に混ぜ、ちらしずしをつくってもおいしいそうです。

協力＝家田志保子、櫛田みよ子
著作委員＝近藤みゆき、石井貴子

撮影／五十嵐公

＜材料＞4人分

割り干し大根…80g
赤唐辛子…1本
昆布…3cm角1枚
酢…大さじ4
みりん…大さじ2
醤油…大さじ1
塩…小さじ1/5

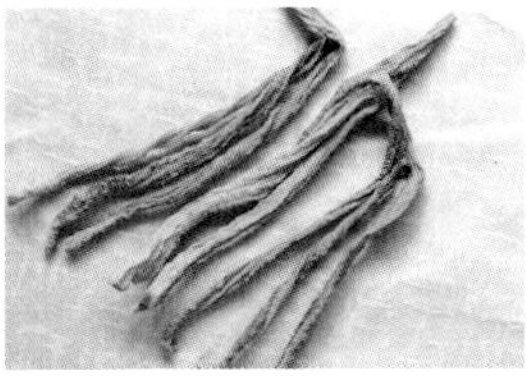

割り干し大根

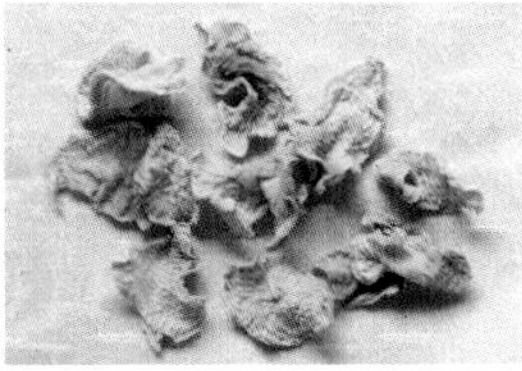

3mm厚さに輪切りにして干した花切りは、水で戻して味噌汁に入れる

＜つくり方＞

1 割り干し大根をぬるま湯で30分ほど戻し、水けをよくしぼって3cm長さに切る。
2 赤唐辛子は種を除いて輪切り、昆布は水に浸して多少やわらかくしてはさみで細切りにする。
3 調味料を合わせ、一度煮立てて冷ます。ここに1と2を1時間以上、ときどき返しながら漬ける。

◎割り干し大根のつくり方：大根は青首がよい。まず菜切包丁で縦に1cm厚さに切る。一定の厚さに切るには、細長い板で大根をはさみ板に沿わせて包丁を動かすなど工夫する。つぎに根の方を3cmほど残して1cm幅に切りこみを入れる。頭側を残すと乾きにくく、干したときにひっくり返りやすい。縄にかけて4〜6日干したら先端側を輪ゴムでしばって束にして、まな板の上で両手で押さえてあめ色になるまでもみ、再度干す。

〈島根県〉

めのはと切り干し大根のはりはり漬け

めのはとはわかめのひらひら部分のこと。根元の部分はめかぶです。天然わかめが豊富な隠岐地域では、わかめを料理にもおやつにも使います。わかめを入れたはりはり漬けはさっぱりとして歯ごたえもよく、昔から季節を問わず常備菜として活躍してきました。

わかめは、干してうま味を凝縮させたしぼりわかめ(干しわかめ)を使います。地元では「しぼりめ」とも呼ばれ、家庭でつくる人も多いそうです。ちなみに干しわかめには薄いシート状の板わかめもあり、こちらは出雲地域でよく使われます。あぶってそのまま食べたり、もみ砕いてご飯にかけたりします。

手軽につくれるおやつが酢わかめです。水洗いした生わかめを酢と砂糖を2：1の割合で混ぜた甘酢に3時間程度漬けこみ、2〜3日天日で干します。酢に漬けると茶色になりますが、天日に干すと緑色に戻ります。しっとりとした口当たりで、噛みしめるとわかめの味と香りが広がります。

協力＝宮本美保子、松田照美、野津保恵、前田秀子
著作委員＝石田千津恵、藤江未沙

撮影／高木あつ子

＜材料＞ 4人分

切り干し大根…40g
昆布…10cm
干しめのは(わかめ)…8g
- 酢…大さじ2
- 醤油…大さじ2
- みりん…大さじ2
- 砂糖…大さじ1
- 赤唐辛子(輪切り)…適量

ごま油…小さじ2

＜つくり方＞

1 切り干し大根はさっと洗い、たっぷりの水で10分戻す。
2 調味料と赤唐辛子を合わせて煮立て、アルコール分を飛ばす。火を止めて粗熱をとる。
3 1の切り干し大根をしぼり、長さを5〜6cmに切る。昆布はせん切りにする。
4 めのはは、水に戻して細かく切る。
5 2〜4を蓋つきの容器に入れ、ごま油を加えて混ぜ合わせる。冷蔵庫で数日漬けこむと味がなじむ。

撮影／五十嵐公

<材料> 10人分

大根ののれん干し…100g
だし汁（かつお節・昆布）…225mℓ
赤唐辛子…1本

A
- 酢*…大さじ4
- 醤油…大さじ2
- 砂糖…30g（好みで加減）

*酢は冬はかぶす、春～夏は夏みかん、秋はすだちやかぼすなど、季節の柑橘の果肉をつぶしてそのまま混ぜると柑橘のフレッシュ感が出る。

<つくり方>

1. 大根ののれん干しをさっと水洗いし、2cm長さに切る。
2. ひたひたの熱いだし汁に約20分漬けた後、ザルで水きりして軽くしぼる。
3. 唐辛子は小口切りする。
4. Aを合わせて唐辛子を入れ、2の大根を入れて漬ける。浅漬けは漬けて30分くらいから食べられ、味の濃さがほどよくなったら、調味液とこし分ける。

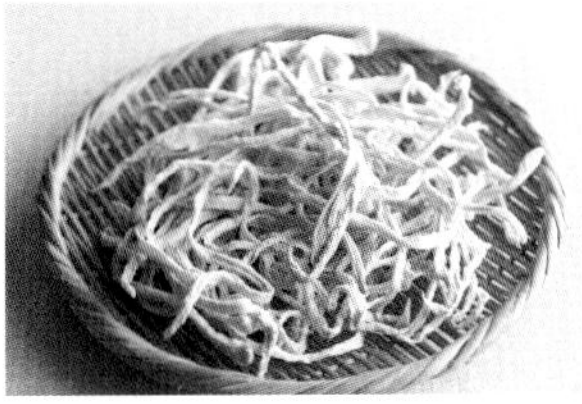

大根ののれん干し。大根を1cm幅に縦に切り、葉のつけ根側を切り離さないよう、さらに1cm幅に縦に切り、のれん状にして干したもの。半乾きから食べられ、冷凍保存できる。十分乾燥すれば、常温で保存できる。場所をとらないので大量干しに向く

〈愛媛県〉

はりはり漬け

干した大根を水またはだし汁で戻して刻み、二杯酢または三杯酢で漬けたものです。食べる音がハリハリと聞こえることから、その名がついたといわれます。大根を干して増える甘味と和え酢の酸味とで、味が引きしまり、はりはりした食感が食欲を増します。

はりはり漬けは東予《とうよ》・中予《ちゅうよ》でよく食べられていました。東予の今《いま》治《ばり》市乃万《のま》地区は乃万大根の産地です。乃万大根は食感がしっかりしているため、漬物用に適し、たくあん漬け、福神漬け、はりはり漬け、もみ大根などに使われてきました。

切り干し大根の形や大きさはいろいろあります。長い大根はのれん干しにしたものを縦長に刻んだり、細い大根は薄い輪切りや半月切りにして干すこともあります。はりはり漬けにはのれん干しが噛みごたえがあり、細い切り干し大根より好まれます。あぶって細く裂いたするめいかや、炒って細めに割ったいりこを一緒に漬けてもおいしく、白ごまやパセリ、青じそなどを散らすこともあります。

協力＝高木敏江、八木頼子
著作委員＝宇髙順子

〈山形県〉

赤かぶ漬け

温海《あつみ》かぶは、山形と新潟の県境、鶴岡市（旧温海町）一霞《ひとかすみ》地区で400年以上前から焼畑農業でつくり続けられている在来の赤かぶです。山の斜面で無農薬・無肥料で栽培されるこのかぶは、皮がやわらかで、中はかたくてシャキシャキ感が強く、甘味があります。現在は甘酢漬けが一般的になり、庄内地方では大黒様のお歳夜《としや》や年越し、正月などの冬の行事食に欠かせません。かつては味噌と塩、水、柿の皮などで漬けるあば漬け（あばは婦人の意）やぬか漬けが一般的で、甘酢漬けは昭和40年代前半にこの地域で商品化されたそうです。

旧温海町地域の一部では現在も11月10日（以前は旧暦10月10日）に「かぶの歳夜」という収穫祭を行なう家庭が残っており、かぶの成長を祈念する他、家の株《かぶ》がますます繁盛するよう、自家でとれた赤かぶと大きなぼたもちを神様にお供えします。ぼたもちのお下がりは、家の株が減らないようにと、将来この家を継ぐ人たちだけで食べ、家の繁栄を祈ります。

協力＝鶴岡市温海庁舎産業建設課、佐藤孝子、佐藤由紀子　著作委員＝平尾和子

撮影／長野陽一

<材料> 4〜5ℓの漬物容器1個分

温海かぶ…1kg
酢…150〜200mℓ
砂糖…120〜200g
塩…20〜40g

<つくり方>

1 温海かぶを水洗いし、ザルに上げて水分をきった後、2〜4つ切りにする。
2 酢に砂糖と塩を十分に溶かして1と混ぜ、押し蓋をして、かぶの約2倍の重さの重しをのせる。
3 2〜3日たち赤色の汁が出てきたら上下をかき混ぜ、重しを軽めのものに交換する。
4 10日ほどしてかぶの中まで赤くなったら食べることができる。冷蔵庫で保存すると色がきれいに保てる。

◎好みで、甘酢の中に昆布5〜10cmを入れてもよい。

◎短期間でつくりたいときは薄切りにするとよい。かぶ1kgを1cm以下の厚さに切り、2〜3%の塩でよくもむ。水が出たらぎゅっとしぼり、甘酢（酢150〜200mℓ、砂糖120〜200g）に漬ける。

撮影／長野陽一

〈福島県〉 赤かぶの甘酢漬け

南会津郡の旧舘岩《たていわ》村（現南会津町）の赤かぶを使った甘酢漬けです。皮が赤紫色のこのかぶは、舘岩以外の土地で育てても同じように色づかないといいます。これは標高600〜1000mの高冷地である舘岩の気候や土の成分によるものといわれています。甘酢で漬けると中まで鮮やかな紅色に染まります。さっぱりとした味で歯ざわりもよく、昔から地元の人たちに愛されてきました。

舘岩で赤かぶがさかんにつくられるようになったのは、戦後、保城《ほじょう》地区の人々が高杖原《たかつえはら》地区に全戸移住してからのことです。高杖原は保城よりも陽当たりがよい場所でしたが、標高が高いので稲は栽培できず、赤かぶや大根などの根菜や、ひえやあわなどの雑穀をつくりました。冬場、雪で閉ざされる土地の人々にとって、赤かぶは命をつなぐ大事な作物。今は甘酢漬けに使うことが多いですが、昔は米と一緒に炊いたかぶ飯や、ゆでたかぶをそば粉に混ぜて練ったかぶ練りなどもよく食べました。

協力＝平野秀代、芳賀くにい、佐藤エイコ
著作委員＝會田久仁子

＜材料＞ つくりやすい分量

赤かぶ…1kg
塩…35g
砂糖…80g
酢…200mℓ

舘岩の赤かぶ

＜つくり方＞

1 赤かぶは葉のつけ根から葉の部分を切り落とす。皮はかたいところがあればむく。皮も使う。縦半分に切ってから繊維に沿って1〜1.5cm幅に切る。葉は3cm長さに切る。
2 大きめのボウルにかぶと皮、好みで葉を入れ、塩をまぶす。押し蓋をして、かぶの2倍重量の重しをおき、2日ほど漬ける。
3 上がってきた水を捨てる。かぶと皮、葉は水でさっと洗って水けをきり、ボウルに戻す。酢に砂糖を入れて溶かした甘酢液をひたひたになるように回しかけて、2〜3日漬ける。

◎以前は塩漬けはせず、樽に甘酢とかぶを入れて本漬けし、春先まで保存していた。

〈長野県〉

すんきの赤かぶの甘酢漬け

色鮮やかでぱりぱりした甘酢漬けは、簡単でおいしい保存食です。木曽地方では赤かぶは野菜の不足しがちな冬場の大切な食料で、かぶ菜（葉）は無塩の漬物の「すんき」の材料であり、かぶの部分は、かぶの甘味を利用し、「おさい」と呼ばれるおかずにしました。酢と砂糖と塩で漬ける甘酢漬け、米ぬかと塩と砂糖で漬ける赤かぶ漬け、米ぬかと塩で漬けるぬか漬けなどにもしました。

木曽には、王滝《おおたき》かぶ、開田《かいだ》かぶ、細島《ほそじま》かぶ、三岳黒瀬《みたけくろせ》かぶ、吉野かぶと芦島《あしじま》かぶの6種の赤かぶがあり、これらはスローフードインターナショナルによる「味の箱舟」*に、長野県による「信州の伝統野菜」として認定されています。

漬ける前の赤かぶの中は真っ白ですが、甘酢漬けにすると全体がきれいな赤色に染まります。これはかぶの皮に含まれるアントシアニンという赤い色素が酸に反応して発色するからです。鮮やかな赤色が木曽の冬の食卓を豊かに支えてきたと考えられます。

*地方の伝統的かつ固有な在来品種や加工食品、伝統漁法による魚介類など、小さな生産者による希少な食材を世界共通のガイドラインで選定したもの。

協力＝野口廣子、佐口幸子　著作委員＝中澤弥子

＜材料＞ 20ℓの桶1個分

赤かぶ…5kg
塩…200g
砂糖…500g
酢…500mℓ

＜つくり方＞

1 かぶを洗い、大きなものは半分に切る。漬物桶に漬物用ポリ袋をかけ、かぶを入れる。

2 調味料を合わせて火にかけ、砂糖を煮溶かす。

3 **1**に**2**が熱いうちに全体にかかるように回し入れる。袋の上から軽くもんで、調味料をしみ込ませる。

4 空気を抜きながらポリ袋の口を閉じ、押し蓋をしてかぶの2倍の重しをする。

5 翌朝、上下をひっくり返して混ぜ、なるべく早く水が上がるようにする。水が上がったら、重しをかぶの2割程度の重さに変える。3日目頃から食べられる。

◎かぶは、カスカスになってしまわないように、収穫後、葉の部分を落としてすぐに漬ける。

◎かぶを切って漬ける「切り漬け」は、丸ごと漬けるより漬かるのも早い。かぶを5mmほどの厚さに切り、あとは同じようにつくる。かぶ1kgくらいからつくれる。

◎かぶは漬ける以外に「おさい」にして食べる。おさいは、練り物や白菜など野菜をふんだんに入れてつくった煮物。かぶから甘味が出るため、砂糖を入れなくてもおいしい。

赤かぶのかぶ菜でつくる「すんき」

すんきは、かぶ菜でつくる塩を使わず乳酸発酵させた漬物です。刻んだかぶ菜を湯に通し、乳酸発酵のスターターになる「種」（前年に漬けたすんきの冷凍など）と一緒に漬ければ翌日から食べられます。シャキシャキした食感と酸味が特徴で、地元では味噌汁に入れたり、「とうじそば」にしたりして食べます。

伝統野菜である赤かぶの葉や茎を使い、塩を一切使わずに複数の植物性乳酸菌で発酵させる独特な漬け方が評価され、地域の特産品をブランドとして保護する「地理的表示（GI）保護制度」に2017年5月に登録されました。

奥は切り漬け

撮影／高木あつ子

〈岐阜県〉

品《しな》漬《づ》け

色鮮やかな赤かぶが食卓を彩る品漬けは、品々（いろいろなもの）を漬けたものという意味です。夏の間にきゅうり、みょうが、なすなどを塩漬けにし、秋にはきのこ類を漬けます。そして、冬に赤かぶやきくいもと一緒に漬けてやっと完成。冬の食生活を支えてきた、高山の大切な食文化です。

飛騨地域では冬は降雪と寒さで野菜が収穫できないので、大量の漬物をつくりました。長漬け（赤かぶの根と葉の塩漬け）や切り漬け（刻んだ白菜の塩漬け）などもつくられます。高山で「三つどんぶり」と呼ぶそろいの器に盛ると、普段のおかずも豪華になるので、人が集まるときにはこのように盛りつけました。

11月には川で漬物用の大量の赤かぶや大根、白菜を洗う大行事「菜洗い」が行なわれます。明治6年にまとめられた「斐太後風土記《ひだごふどき》」にも「宮川《みやがわ》菜《な》洗《あらい》之《の》図《ず》」が掲載されており、初冬の風物詩でした。今でも、量は減りましたが家々の味を伝える漬物がつくられています。

協力＝幅節子、神出加代子
著作委員＝長屋郁子

＜材料＞ 3〜5ℓの容器1個分

赤かぶ…500g
きゅうりの塩漬け…50g
きのこ（赤たけ、ねずみたけ、しめじなど）の塩漬け…100g
きくいも…100g

＜つくり方＞

1 赤かぶは食べやすい大きさのくし形切りにする。
2 きゅうりの塩漬け、きのこの塩漬けは、まわりについている塩を洗い落としておく。
3 きくいもは食べやすい大きさに切る。
4 1〜3を漬物容器に入れ、押し蓋をして重しをする。水が上がるまで重しは強めで野菜の重量の2倍程度にする。
5 水が上がったら味をみて、味が薄ければ塩を加え、塩辛い場合は赤かぶを足して調節する。重しは野菜の重量と同量程度にする。
6 冷暗所におき、3週間ほどで食べられる。

◎きゅうりの塩漬けは、きゅうり1kgに塩70gで1度目を漬けこみ、水が上がったら引き上げ、塩90gで2度目を漬けこみ冬まで保存する。なすやみょうがなども同様に塩漬けにして加えてもよい。きのこの塩漬けは、湯通ししてザルに上げ、水きりしたきのこ1kgに対し塩140gで漬けこむ。

◎高山では漬物の仕込みの時期になると、朝市やマーケットで塩漬けしたきゅうりやきのこが販売される。

高山市内を流れる宮川沿いでは、江戸時代から続く朝市が毎日開かれる。観光客も地元の住民も訪れてにぎわう11月の朝、出盛りの飛騨の赤かぶ（右上）や各種の漬物（右下）が並ぶ

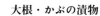

手前から反時計回りに品漬け、長漬け、切り漬け

撮影／長野陽一

〈三重県〉

日《ひ》野《の》菜《な》漬《づ》け

日野菜は滋賀県日野町が原産で、三重県でも伊賀から中勢・北勢地区まで広く栽培される漬物専用野菜です。かぶの仲間ですが、水分が少なく多少苦味があって大根やかぶとは違う風味があります。寒くなると小袋入りの日野菜漬けが市販され、樽入りは贈答に使われます。漬けるなら根が色鮮やかになる12月頃が最適です。

「道の駅」などで販売している日野菜を利用する場合もありますが、栽培が容易なので家庭菜園で少量ずつ育て、浅漬けで楽しむ人も多いです。霜に2〜3回あてて赤紫色が濃く葉もやわらかくなったときに収穫したものが一番おいしいといわれます。酢入りの手水で、あるいは酢水にくぐらせてから本漬けすれば赤紫色が冴えてより美しくなります。塩漬け、ぬか漬け、甘酸っぱい調味漬けなどにし、細かく刻んで炒りごまをふり、醤油を少したらして、熱いご飯にのせていただきます。酸っぱくなったものは刻んで、炒め物やチャーハンに利用できます。

協力＝玉野せつ代、玉野勤、児玉たつお
著作委員＝水谷令子

撮影／長野陽一

＜材料＞ 5升の樽1個（約3.5kg）分

日野菜…5kg
塩もみ用の塩（日野菜の1%）…50g
本漬け用の塩（日野菜の4%）…200g
米ぬか（日野菜の20%）…1kg
昆布…約10cm
手水
- 酢…大さじ3強（50mℓ）
- みりん…大さじ2
- 酒…大さじ2

地上部が赤紫、地下部分は白い、細い大根のような形をしている

＜つくり方＞

1 日野菜は丁寧に洗い、塩もみ用の塩をふりかけてもんでアクを出し、水けをしぼる。長期間漬ける場合は半日から1日くらい天日で乾燥させる。

2 本漬け用の塩と米ぬか、細かく切った昆布を混ぜる。別のボウルに手水用の調味料を混ぜる。

3 樽の底に**2**の米ぬかをふり、すき間なく日野菜を並べる。1段ごとに手水と米ぬかをふり入れてから2段目を並べ、最上段に残った米ぬかをふり、押し蓋をかぶせて日野菜の同量〜2倍の重しをのせる。数本ずつ葉を束ねて漬け込むと葉がからまずとり出しやすい。

4 翌日までに水が上がってこない場合は重しを増やす。水が上がったら水が押し蓋すれすれになるように重しを減らすと、できあがりが筋っぽくならない。

〈滋賀県〉

日野菜漬け

日野菜は県南東部に位置する日野町発祥のかぶです。室町時代の日野の領主蒲生貞秀《がもうさだひで》公が、日野町鎌掛《かいがけ》に自生していた根菜を見つけたのが、栽培の始まりといわれています。漬物にしたところ、色、味ともに風雅であったため、京都の公家に献上し、公家がさらに天皇に献上し、ほめたたえる和歌が送られてきたという逸話が残っています。

日野菜の根の直径は五百円玉くらい。大根のように細長く、上の部分だけが紅紫色になっています。煮炊きには使わず、つくるのはもっぱら漬物です。ぬか漬けにすると根の独特の苦味もおいしさに変わり、ご飯の進む菜《さい》になります。葉は、細かく刻んでごまや醤油を加え、ふりかけにして食べてもおいしいです。以前は、日野菜漬けというとぬかと塩だけで漬けていましたが、最近は甘酢を入れてつくることが増えました。ぬか漬け以外にも丸のまま甘酢漬けにした姿漬けや刻んで甘酢に漬けた切り漬け(桜漬け)などいろいろな漬物にします。

協力＝西岡久枝、福井美智子
著作委員＝小西春江

<材料> 20ℓの桶1個分

【下漬け】

日野菜(正味)…10kg
下漬け用の塩…700g

【本漬け】

米ぬか…2kg
塩…60g
A
- 砂糖…500g
- 酢…500mℓ
- ホワイトリカー…300mℓ

<つくり方>

1. 日野菜は洗って、長さのそろったものを5〜6本ずつ束にして、風通しのよい場所で1〜2日間干す。
2. 桶に日野菜をすき間なく同じ向きに並べ、下漬け用の塩を適量ふる。2段目の日野菜を1段目と交差するように並べ、塩を適量ふる。これを繰り返し、最後に残った塩をふり、10kgの重しをする。
3. 水が上がってきたら日野菜を桶からとり出し、水けをきる。
4. 同じ容量の桶の底に半量の塩をふり入れてから米ぬかを適量ふり、塩漬けの日野菜をすき間なくきっちり並べる。その上に混ぜ合わせたAを適量ふりかける。次にまた米ぬかをふり、日野菜を並べ、Aをふりかける。これを繰り返し、最後に残りの米ぬかをふり入れ、半量の塩をふる。押し蓋をおき、10kgの重しをする。
5. 涼しい場所に1カ月おく。とり出して、葉は細かく刻み、根は5mm程度に斜め切りにして皿に盛る。

撮影／長野陽一

日野菜

漬けあがりの様子

葉と根を短冊に切り、塩漬け後1週間甘酢に漬けた日野菜の切り漬け

〈滋賀県〉
万木《ゆるぎ》かぶのぬか漬け

万木かぶは、県北西部の安曇川《あどがわ》流域の高島市安曇川町西万木《にしゆるぎ》で栽培されてきた在来のかぶです。やわらかく、渋みや苦味、辛さが少なく甘味が強いのが特徴で、寒風に当てて干すことで余分な水けが飛び、歯ごたえがよくなります。また、重しをしっかりかけて低温でゆっくり発酵させることで味に深みが出て、酸味も適度に仕上がります。発酵により乳酸などの有機酸が生成されることで、かぶに含まれるアントシアニンの色素が反応し、中の真っ白な果肉も表皮と同じ鮮やかな紅色に染まります。

こうしてできたぬか漬けは冬場の食卓を支える大事な保存食。その味わいや食感、美しい色合いから昔から愛されてきました。県内には他にも在来のかぶがたくさんあります。これは滋賀が栽培に適した気候であったことに加え、日本の南北から別々に伝来した西洋系のかぶと東洋系のかぶの両方が交わる地点だったため、さまざまな種が交雑して品種分化したからともいわれています。

協力＝前川美智子、長朔男、中村紀子
著作委員＝久保加織

撮影／長野陽一

＜材料＞ 15ℓの桶1個分

万木かぶ…10kg
米ぬか…1kg
塩…450g

万木かぶ

11月、風が冷たくなってきた頃に万木かぶを干す

漬け上がり。葉はつけ根でくるりと巻きつけてある

＜つくり方＞

1 万木かぶを洗い、5〜6個で束ねる。風通しの良いところにかけ、かぶの皮の表面に小じわが出てしんなりするまで3日から1週間干す。
2 緑の葉を残し、赤葉（しおれて枯れた葉）を除く。1個ずつ葉の束を葉のつけ根にぐるりと巻きつける。
3 米ぬかと塩を混ぜ合わせる。
4 桶の底に**3**を薄くふり、2つのかぶの葉同士を合わせたものを1セットにして並べていき、1段にきっちりと敷き詰める。こうすることですき間がなくなり、空気が抜けてよく漬かる。
5 下のかぶが見えなくなるくらい、**3**をまんべんなくふりかけ、再びかぶを並べる。これを繰り返す。
6 かぶを敷き詰め終わったら、残りの**3**をふり、**2**で除いた赤葉をすき間や上にのせる。その上に押し蓋をのせ、かぶの4倍程度の重しをおく。
7 2〜3日して水が上がってきたら重しを半量に減らす。直射日光の当たらないところで20日〜1カ月間おく。
8 食べるときは必要な分だけ桶からとり出し、ぬかを洗い落とす。葉はみじん切り、かぶは半分に切ってから薄く切る。そのまま食べても、少し酢をかけてもよい。

◎甘味を少しつけたいときは**3**でザラメを少々加えてもよい。

撮影 / 高木あつ子

〈島根県〉

津田かぶの漬物

津田かぶは勾玉《まがたま》のような形をした外皮が赤紫色のかぶで、東部の出雲地域に伝わる伝統野菜です。正月頃にちょうど漬かり、カリッとした食感で風味がよく色も鮮やかなため、東部自慢の漬物として年始の来客のお茶うけやお土産にされてきました。もとより島根県はお茶飲み文化がさかんな土地柄で、漬物や煮物などを茶口《ちゃぐち》（お茶うけ）にお茶を飲む習慣があります。津田かぶの漬物は冬場によく食べられたそうです。

このかぶは「す」が入りやすいため、12月の出始めから正月までに出回る、実の詰まったよいかぶを手に入れます。１週間ほど干して葉つきのまま塩漬けやぬか漬けなどにすると、水分が抜けてかぶの風味が増し、歯ざわりもよくなります。昔は家庭でも干してつくっていましたが、現在はかぶ自体の出回る数が少ないので、生のままスライスして浅漬けにしたり、酢の物や和え物など漬物以外の料理に使う家庭も多くなっています。

＜材料＞ 5〜10ℓの漬物樽1個分

津田かぶ…10本（1.5〜2kg）
塩…干したかぶの4〜6%
赤唐辛子、ゆずの皮…適量

＜つくり方＞

1 かぶを葉つきのまま、大きいものは2つ割りに切り目を入れ、手で曲げて「つ」の字に曲がる程度まで1週間ほど干す*。
2 かぶの外側の葉を切り落とす。
3 樽や桶の底に塩をふり、2の半量の葉を敷く。
4 3の上にかぶを、上部と下部が交互になるようにすき間なく並べる。この上に唐辛子やゆずの皮をふると風味がよくなる。
5 1段ごとに塩をふって漬けこむ。上にいくにつれて塩が多くなるようにする。
6 最上段を並べ終えたら残った塩を全部ふり入れ、残しておいた葉をかぶせ、押し蓋をして材料の3倍程度の重しをのせる。
7 水が上がって2〜3日すると食べられる。

*干しが少ないとやわらかく、しっかりと干すとかためめに仕上がる。

◎生の津田かぶの浅漬け：スライスして1%の塩水にしんなりするまでつけ、水けをしぼって調味液（かぶ1本につき、だし汁1/2カップとうす口醤油・みりん各大さじ1）に30分〜1時間つける。

協力＝宮本美保子、高麗優子、石飛なす子
著作委員＝藤江未沙、石田千津恵

〈奈良県〉

紅しょうが

奈良盆地の北端にあたる奈良市では、昔は庭先に梅の木が植わっており、花を楽しんだあとは、実をもいで梅干しにしました。紅しょうがは梅と同時に塩漬けにし、梅の塩漬けから出る白梅酢を利用して赤じそと漬けこみます。同じ時期に仕込む新しょうがは甘酢に漬けており、紅しょうがに土しょうが（ひねしょうが）を使うのは、漬けこんでもしょうがの風味が強く残るからではないかとのことです。しょうがは天日に干すことで繊維がやわらかくなります。

昔は常温で、今は冷蔵庫で長期間保存します。毎年漬けるため、納屋には樽がいくつも並び、10年ものもあったそうです。古漬けは新漬けと異なり表面はしわが多く、塩が吹いたものもありました。食感はやわらかく、しょうがの辛みがやわらいだ分、梅酢の酸っぱさが新物より感じられます。弁当の卵焼きの彩りに、ちらしずしや巻きずしの具材にと、ハレの日にも日常にも登場します。市販品もありますが、手づくりは彩りも美しく梅としその香りが格別です。

協力＝稲田智子　著作委員＝喜多野宣子

撮影／五十嵐公

<材料> つくりやすい分量

- 土しょうが（ひねしょうが）…200g
- 塩…30g

- 赤じそ…30g
- 塩…30g（ひとつかみ）

白梅酢…200mℓ

<つくり方>

1. しょうがは皮のまま洗い、ザルの上で一晩乾燥させる。
2. しょうがの皮を包丁でむく。
3. しょうがを丸のまま、または2等分して塩でもみ、ビンや漬物容器に入れる。しょうがが浮かばないように軽く重しをし、1～3日漬ける。
4. 赤じそを水でしっかり洗い、ごみをとり除く。塩でもんだら、手でしぼってアクをとる。
5. 3のしょうがから出た漬け汁は捨てる。しょうがの上に4の赤じそをのせ、白梅酢をかけて再び重しをして1カ月漬ける。
6. 晴天が続く土用の時期に、しょうがと赤じそを容器からとり出し、丸3日干したら、再び容器に戻す。
7. 冷暗所で保存する。漬ける時間が長くなればなるほど濃い紅色になり、やわらかくなり風味が増す。

◎梅を塩漬けするタイミングでしょうがも塩漬けにする。塩漬けの期間は、梅、しょうがともに3～5日。梅の塩漬けから白梅酢が上がってきた時点で、赤じそを塩もみしてアクをとり、梅酢と合わせて梅、しょうがをそれぞれ漬けこむ。同時に漬けるので、梅干しの土用干しの際に、しょうがも天日に干すことができる。

撮影／長野陽一

<材料> 2ℓの保存容器1個分

土つき三年らっきょう*…2kg
塩…250g
差し水…1ℓ
甘酢
- 酢…250mℓ
- 水…200mℓ
- 砂糖…300g

*足かけ3年育てた小粒で歯ごたえのよいらっきょう。

<つくり方>

1 らっきょうは、土をきれいに洗い流す。とくに根元はよく洗う。
2 包丁でらっきょうの根と先端部分を少し長めに切って、薄皮をむく。
3 **2**のらっきょうに塩と差し水を加え、らっきょうの2倍程度の重しをのせ下漬けをする。20〜37℃を保つようにして3週間から1カ月、乳酸発酵させる。
4 ぷくぷくと小さい泡が出てきて、らっきょう漬け独特のにおいが出てきたら乳酸発酵の終了。水をきり両端を整えるように切る。
5 **4**のらっきょうを、水にさらして一晩おく。
6 甘酢をひと煮立ちさせ、冷ました後に**5**を漬けこみ、そのまま冷蔵庫で保存する。2カ月後から1年までが食べ頃。

◎少量の場合の下漬けはポリ袋などに入れ、袋を密閉すると泡が発生して乳酸発酵が始まる。

◎らっきょうは成長力が強く、下漬けの間にも少し伸びてくるので、**4**できれいに切りそろえる。

〈福井県〉

らっきょう漬け

らっきょうよりも「らっきょ」と呼ぶのが福井流です。福井県は戦前には日本一の生産量を誇りました。現在でも全国で6位(2016年)の収穫量があります。とくに三国の三陸浜の砂丘地帯で多く生産される〝花らっきょ〟は有名で、小粒で純白、肉質がきめ細かで品質が良いといわれています。栽培方法が独特で、通常は8月頃に植えつけて翌年の6月頃に収穫しますが、花らっきょは植えつけから収穫まで足かけ3年もかけます。このあいだに分球という現象が繰り返され、ひと粒が小さめで歯ごたえのよいらっきょに育つのです。

福井でらっきょの栽培が始まったのは、明治時代。すでに大正時代には自家用だけでなく県外に出荷されていたそうです。家庭では昔は、塩漬けや醤油漬けにしたらっきょを食べており、ハレの日には砂糖をまぶして食べたといいます。甘酢漬けは昭和以降に広まり、最近は刻んでタルタルソースに入れたりもします。らっきょに多い食物繊維フルクタンの健康面や美容面での利用も研究されています。

協力＝小林恭一　著作委員＝森恵見

長期保存漬けの方法

なすやうりなどの夏野菜は高い塩分濃度で漬けて保存し、秋や冬には塩出しして味噌漬けや福神漬けなどにしました。ここでは1カ月以上保存するための漬け方を紹介します。

・野菜の18 ～ 24%の塩で漬ける。塩分濃度が高いので微生物が繁殖せず、腐敗しない。

・重しの重さは野菜の1 ～ 2倍が目安。水がしっかり上がったら、重しを軽くして、押し蓋が水に浸っている状態にする。

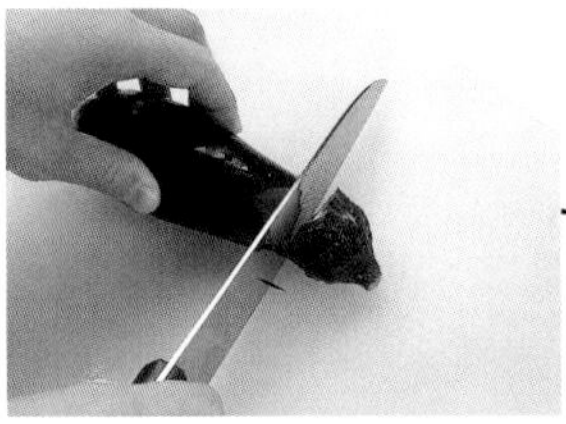

1 野菜は洗ってヘタなどを落とし、重さを量る。重さに対し、18 ～ 24%の塩を用意する。

2 容器に軽く塩をふる。

3 その上に野菜をすき間なく詰める。上にたっぷりの塩をふる。

4 野菜、塩を交互に詰めて、最後に残った塩をたっぷりふる。塩は底にたまりやすいので、上にいくほど、塩が多くなるようにする。

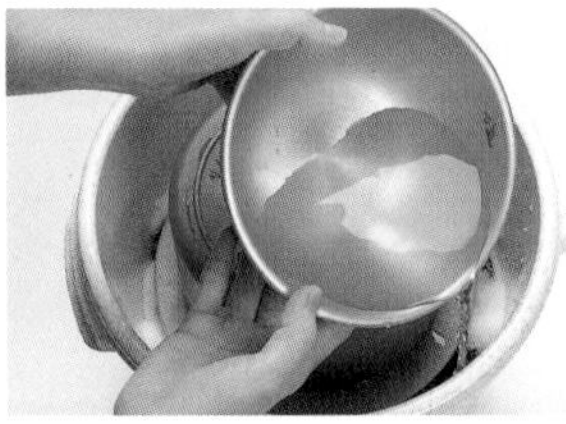

5 押し蓋をする。塩水が早く上がるよう、重しをして、差し水（18 ～ 24%塩分）をする。翌日、水が上がってきたら重しを軽くする。

6 塩水に浸っている状態でポリ製のシートなどで容器をおおう。冷暗所におく。写真は漬け上がり。

◎下漬けを野菜の8～10%の塩で、本漬けで漬け汁が16%になるよう、2回漬けて保存する方法もある。

秋田県の味噌漬け

塩抜きをしたなす、きゅうり、大根を味噌床に2回漬ける。

山形県のやたら漬け

大根と白菜を夏の塩漬けなす、きゅうり、ピーマン、みょうが、しその実などと漬ける。

岐阜県の品漬け

夏のきゅうりや秋のきのこ類の塩漬けを冬の赤かぶやきくいもと漬ける。→p24

撮影／小倉隆人、高木あつ子(秋田県)、長野陽一(山形県、岐阜県)　協力／小笠原博信(秋田県)、松坂初子·浩美(山形県)、幅節子、神出加代子(岐阜県)　著作委員／熊谷昌則(秋田県)、宮地洋子(山形県)、長屋郁子(岐阜県)
参考：『つくってあそぼう 漬けものの絵本』（宮尾茂雄·編 農文協）

菜っぱ・うり・なすの漬物

雪菜に芭蕉菜、野沢菜に広島菜、高菜など、全国に漬物用の菜っぱがあり、それぞれの特徴を生かし、各地で漬けられています。夏になるとどっさりとれるうりやなすなどの果菜は、浅漬け、ぬか漬け、醤油漬け、粕漬けなどにして無駄なく食べつくしました。

〈山形県〉

雪《ゆき》菜《な》のふすべ漬け

雪菜は米沢に伝わる伝統野菜で、食べるのは青々とした葉ではなく、雪の下で育ち軟白したとう（花茎）の部分です。冬場に生鮮野菜を得ることが難しかった時代には貴重な食材でした。生食では、ほのかな甘さとほろ苦さがあり、さっとふすべて（熱湯をくぐらせて）塩漬けにすると、わさびのようなツンとした辛みが出ます。ぱりぱりとした食感で、後を引く味です。

以前は「かぶのとう」といい、現在も年配の人はそう呼びます。もとは実のしまったかたい秋かぶの品種「遠山かぶ」のとうを食べていましたが、越後から伝わった長岡菜との自然交雑から選抜育成し、現在の雪菜ができあがったといわれています。アブラナ科である雪菜は交雑しやすいので、栽培のさかんな米沢市上長井地区では昔から畑の周りには一切、かぶや菜の花などのアブラナ科を植えません。採種は厳重にビニールハウスの中で行ない、地元では生産組合をつくり伝統野菜を守る努力を続けています。

協力＝佐藤みや、松田利幸、佐藤了、吉田清志
著作委員＝齋藤寛子

<材料> 4.5ℓの漬物器1個分

雪菜…400g
塩…8g（雪菜の生の可食部の2％）

雪菜は、軟白したとうを食べる

<つくり方>

1 雪菜は洗って、青くのびた部分や、傷んだところをはずし、3〜4cmの長さに切る。根元の太い部分は食べやすい太さに縦に割る（写真①）。

2 広口の大きめ鍋にたっぷりの湯を沸かし、鍋に入るサイズのザルと冷却用のボウルを準備する。

3 切った雪菜をザルに入れ、3〜5秒ザルのまま熱湯につけ、すぐに引き上げる（写真②）。雪菜の量が少ないときや、材料がやわらかめのときは短く3秒にする。

4 お湯をきり、雪菜の上下を返し、また同じようにザルに入れたまま、3〜5秒熱湯につけ、すぐに引き上げる。これをもう1回繰り返し、全部で3回、熱湯につける・とり出すを繰り返す。その間火はつけたままにしておく。

5 とり出したザルに鍋の蓋をかぶせ、1分から1分半、全体が均一になるよう蒸らす（写真③）。ここまでの湯通しの工程を「ふすべる」という。

6 間をおかず、ボウルにたっぷりの冷水を入れ、流水下で雪菜を十分に冷やし、しっかり水けをきる（写真④・左は生、右はふすべて冷やした状態）。

7 ふすべた雪菜に塩をふり、全体をまんべんなく混ぜ合わせる。

8 漬物器や、少量なら厚手のポリ袋に入れ、雪菜の1.5〜2倍の重しをのせる。漬物器はすき間から辛みが抜けないように蓋の部分をポリフィルムなどでおおい、ひもでくくる。ポリ袋は厚手のものを使い、空気を抜いて口を閉じる。水が上がったら重しを1/2〜1/3に減らす。冷蔵庫など寒いところにおく。

9 漬けて3日目からが食べ頃。時間がたつと、辛みも風味も飛ぶので、その後1週間を目安に食べきる。

◎ふすべは、かたさが残る半生の状態にするのがポイント。加熱し過ぎないように注意する。

雪菜の栽培と収穫

8〜9月に種をまき、11月下旬、50〜70cmに成長したものを株ごと根から引き抜いて収穫する。これを床寄せして周りをわらやこもでおおい、降雪を待つ。積雪の中で雪菜は外側の葉を栄養源として、とうをのばす。

雪が深いので棒をさしておき、これを目印に掘る

雪の下からわらで周りをおおった雪菜が出てくる

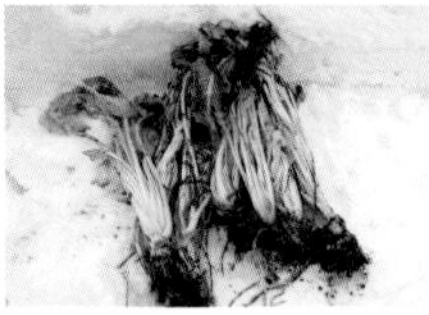

掘り出した雪菜。白いとうの部分だけを食べる

撮影／長野陽一

〈岩手県〉

芭《ば》蕉《しょう》菜《な》漬け

芭蕉菜はタカナの仲間で、独特の辛みと風味のあるカラシナの一種です。県南西部、北上川流域の盆地にある北上市や奥州市江刺では昔から栽培され、冬場の漬物に利用されてきました。山形県の青《せい》菜《さい》（p37）と同じ系統で、漬物にするとぱりぱりとした歯ごたえとピリッとした辛みがあります。

芭蕉菜漬けは、10月になると漬けこみが始まります。歯ごたえをより楽しめるのは小さい株より大きい株だそうです。漬け方は家庭によっていろいろで、塩漬け派、醤油漬け派、なんばん（唐辛子）多め派などがあり、たくさん漬けて秋冬の間じゅう食べる家庭もあれば、酸味のない漬物が好きだからと少しずつ何回も漬ける家庭もあります。

ここでは醤油漬けのつくり方を紹介しました。下漬けの塩を控えて調味液に漬け直すと、1週間ほどで色もよく食べ頃になります。ひと月ほどたつと色が赤くなり酸味も出てくるので、油炒めにして食べたりするそうです。

協力＝桑原文子、北上市食生活改善推進員協議会　著作委員＝阿部真弓、佐藤佳織

撮影／奥山淳志

＜材料＞ 20ℓの漬物樽1個分

芭蕉菜…2kg
塩…100g（芭蕉菜の5％程度）
差し水…1/2カップ（芭蕉菜の5％程度）
醤油…300mℓ
ザラメ…200g
酒…100mℓ
なんばん（赤唐辛子）…適量

＜つくり方＞

1 芭蕉菜を洗い、水けをきり乾かす。
2 葉に塩をまぶしながら、葉先と株元が互い違いになるように樽に入れる。
3 樽の縁から差し水を加え、押し蓋をして芭蕉菜と同重量の重しをのせる。
4 1週間ほど漬けて水が上がったらとり出し、水洗いをして、食べてみて塩けがもの足りないくらいまで塩出しをする。
5 ザラメと酒を温めてザラメを溶かし、醤油を加えて調味液をつくる。
6 4の水けをよくしぼり、5の調味液と交互に重ねる。好みで2つに割ったなんばんをふり、押し蓋と、塩漬けの半分程度の重しをして1週間ほど漬ける。

◎塩漬けは塩を7％程度にし、水が上がったら重しを半分以下に減らし、1週間ほど漬ける。

芭蕉菜漬けの炒め煮。一晩塩出しして細かく切り、おろししょうがとともに油で炒める。浸る程度のだし汁と、醤油、砂糖、酒、みりんを加えて汁けがなくなるまで煮て、白ごまと輪切りにした赤唐辛子を加える

〈山形県〉

おみ漬け

11月になると県内では、直売所などの店先に青菜《せいさい》が山と積まれはじめます。この青菜を大きい株のまま、白菜漬けやたくあんのように大量に漬けるのが「青菜漬け」で、他の野菜と一緒に細かく刻んで少量から簡単に漬けられるのが「おみ漬け」です。おみ漬けには青菜の間引き菜を使ったりもします。

材料の山形青菜は明治37年に中国の重慶から日本に入った品種です。葉の幅が広く多肉質で独特の辛みがあり、漬物は軟化せず春先までパリッと歯切れがよいので、従来の高菜に代わり明治41年から栽培されました。

青菜漬けは肉厚の茎の部分が好まれるため、昔は葉先を捨ててしまうこともあったようです。それを見た近江出身の商人がもったいないと、刻んで漬けたのが「おみ漬け」(近江漬けから転訛)の始まりともいわれています。きくいもを入れてサクサクとした歯ざわりを楽しんだり、味をよくするするめや数の子を入れるなどして、家庭ごとの味が今もつくられています。

協力＝神保道子、玉虫とし
著作委員＝齋藤寛子

<材料> 4.5ℓの漬物樽1個分

青菜…1kg
大根…200g
にんじん…80g
きくいも…150g
塩…45g(青菜、大根、にんじん、きくいもを合わせた重量の3%)
黄菊(食用菊)…20g
しょうが…1かけ(30g)
A ┌醤油…50g
　│ザラメ…10g
　└みりん…35g

撮影／長野陽一

<つくり方>

1 青菜は5〜7mm幅に細切り、大根、にんじん、きくいもはいちょう切りにする。きくいもは皮つきのまま使う。

2 1の野菜に塩を加えてよくもみ、材料の2倍程度の重しをして一晩おき、青汁を出す。重しが重すぎると野菜がつぶれて旨みもなくなる。

3 2をザルにあけて青汁を捨て、水できれいに洗ってきつく水けをしぼる。

4 黄菊は花弁をガクからはずし、酢を少々入れた湯でゆでて水にさらし、水けをしぼる。しょうがはせん切りにする。

5 Aを合わせて一度煮立てる。冷めたら3と4を入れて混ぜ合わせ、軽い重しをする。重さは材料と同程度が目安だが、材料が漬け汁に浸るように調整する。漬け汁に浸れば重しをはずしてよい。

6 2〜3日で食べられるようになる。漬かったら冷蔵庫で保存する。

◎おいしく食べられるのは2週間以内。小分けにして冷凍すると味が変わらない。

◎青菜漬けのつくり方は『炊きこみご飯・おにぎり』p93を参照。

〈埼玉県〉

しゃくし菜の漬物

　秩父地方は周囲に山岳丘陵をながめる盆地で、森林が多く水田は少ない畑作地帯です。しゃくし菜は秩父地方で昔から栽培されており、体菜《たいさい》の仲間で「雪白体菜《せっぱくたいさい》」といいます。その姿が「しゃもじ（しゃくし）」に似ていることからこう呼ばれるようになりました。

　しゃくし菜の漬け方は白菜漬けに似て、昭和30年代は塩だけで漬けていましたが、近年の減塩の傾向、高齢者のやわらか嗜好を意識し、工夫もしています。従来の塩だけで下漬けするより、塩と水で漬けるほうが減塩効果も期待でき、さらにはやわらかく仕上がります。また、本漬けでは米ぬかを使うと、味がまろやかになります。9月上旬に種をまき、10月下旬頃から収穫し、11月から漬けこみが始まります。11月20日頃までに漬け終わったら、正月を待っていただきます。おいしいのは真冬ですが、春近くの古漬けも塩出しして油炒めやまんじゅうの具にしてもおいしく、さまざまな料理へ展開しています。

協力＝黒沢政子、黒沢隆治
著作委員＝名倉秀子

＜材料＞ 四斗樽1個分

しゃくし菜…30kg
塩（しゃくし菜の5%）…1.5kg
水…適量
赤唐辛子…20本くらい
米ぬか…5kg

＜つくり方＞

1 しゃくし菜は畑から収穫した後、1〜2日ほど天日に干す。
2 しゃくし菜を洗い、水をきり、ポリ袋を敷いた漬け樽に高さが均一になるよう、葉と株元を天地を替えながら入れ、塩、水をふり、さらにしゃくし菜を重ね、塩、水をふりを数回繰り返す。水はしゃくし菜の高さの1/3量になるくらいまで入れる。重し（15kg×2個）をのせて下漬けをする。
3 下漬け3日後に水がしゃくし菜より上がっていることを確認する。上がっていない場合には、しゃくし菜がかぶるくらい水を加える。
4 10日間くらい漬けこみ（漬け樽の塩水に薄い膜ができる状態、写真①）の後、しゃくし菜を軽くしぼりながら（写真②）、ポリ袋を敷いた漬け樽に天地を替えながら入れ（写真③）、ひと並べごとに唐辛子と米ぬかを交互に入れて重ね（写真④、⑤、⑥）、押し蓋をしてポリ袋の口をとじ（写真⑦）、下漬けの半量の重し（15kg）をのせて本漬けする（写真⑧）。
5 11月20日頃までに本漬けが終了し、1カ月後の年末から正月に完成する。古漬けとして3月上旬の春の頃まで食べられる。

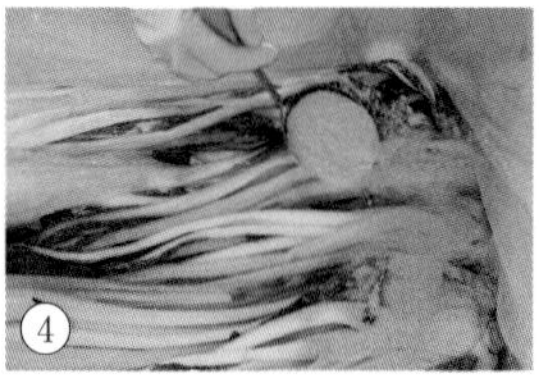

しゃくし菜は50〜80㎝の高さで、株元が白く太く、葉の緑の部分がふくらんでいる

撮影／長野陽一（メインカット）、小林キユウ

〈長野県〉

野沢菜漬け

戦前までの長野県は越冬のための保存食の工夫が重要で、各家で冬に備えて大量の漬物をつくっていました。とくに漬け菜は多種類あり、地域伝来のものが各地で栽培されてきました。野沢菜漬けは、野沢温泉村や飯山市など北信の代表的な漬物でしたが、今は県下で広く漬けられています。「野沢菜」はスキー客がつけた愛称で、それまでは自家用に漬けていたお葉漬けが工場生産され、観光ブームとともに野沢菜漬けとしてお土産用に出回るようになったのです。

霜に数回あて葉や茎をやわらかくし、降雪の直前に収穫して漬けると、地元で「のりが出る」という独特の粘りけのある野沢菜漬けができます。本漬け（塩漬け）は最初は浅漬け風、発酵が進むにつれほどよい酸味と歯ごたえのあるみずみずしい食感になり、酸味や発酵臭を楽しむ古漬けになります。刻々と変化するのが発酵漬物のおいしさです。春先の古漬けは塩抜きして油で炒め、味をつけて佃煮やおやきの具にして食べつくします。

協力＝木原喜美子、竹井孝子
著作委員＝中澤弥子

撮影／高木あつ子

＜材料＞ 36型の長方形の漬物樽1個分

野沢菜…10kg
塩…300～400g（野沢菜の3～4％・好みで増減する）
赤唐辛子…10～20本（好みで増減する）
昆布（または切り昆布）…50g（野沢菜の0.5～2.0％・好みで増減する）
呼び水
- 水…3ℓ
- 塩…90～120g

野沢菜の粕煮。古漬けは塩を抜いてさまざまに調理する。左の写真は古漬け

＜つくり方＞

1 収穫後、かぶを切り落とした野沢菜をややぬるめの湯（35℃程度）で折れないように丁寧によく洗い、水道水で冷やし、葉を上に立てて水けをきる。その後はすぐに漬けこむ作業に移る。
2 呼び水用に塩を水に溶かす。昆布はキッチンばさみで細く切る。
3 樽に、野沢菜を底が見えないようしっかりと敷きつめ、塩を初雪が降るように適量パラパラとふりかける。
4 2段目の野沢菜をしっかり敷きつめ、塩を**3**と同様にふりかける。昆布と唐辛子をときどき、全体に広げるように適量加える。野沢菜と塩、昆布、唐辛子を順に重ねた後、呼び水を全体にふりかける。
5 内蓋をして、その上に野沢菜の2～3倍の重しをおく。
6 翌日、葉が隠れるまで水が上がったら浮き上がらない程度に重しを軽くし、屋外の寒い所に保管。水が上がっていなかったら味見をし、しょっぱい味噌汁くらいまで塩を加える。水が上がって3～4日後には食べられる。

◎水がすぐに上がらないと筋っぽくかたくなる。1日で水を上げるには重しを重くし（野沢菜の3倍）、塩分濃度を高く（野沢菜の4％）する。それでも上がらなかったら、塩だけでなく呼び水も加えて野沢菜が水に隠れるようにする。

〈静岡県〉

水《みず》かけ菜《な》漬け

県東部の御殿場《ごてんば》市で1月下旬から3月の春の味として親しまれているのが、とう立ちした茎の漬物、水かけ菜漬けです。御殿場市は富士山東麓に位置し、なだらかに傾斜した土地は水田などに利用されています。稲刈りが終わると田んぼに高うねを立てて水かけ菜の種をまき、富士山の湧水をうね間にかけて（流して）育てます。冬の寒さは厳しく、静岡では珍しく雪が降ることが多い地域ですが、水温12℃前後の湧水によって保温され、凍ることなく成長します。

収穫はとう立ちした茎を一本一本手で摘みとり、すぐに漬けこみます。摘んで時間がたってから漬けると、変色し茎がかたくなるそうです。水かけ菜漬けは、とうのもつ甘味やうま味、わずかなえぐみがあり、塩だけで漬けたとは思えないほど。同じ種を畑で栽培した「とう菜」もありますが、水かけ菜よりえぐみが強く、水かけ菜とは区別しています。3月になり花がつくと茎よりえぐみがあり、それがまた人気だそうです。

協力＝榑林由香里
著作委員＝伊藤聖子

撮影／五十嵐公

<材料> 5ℓの漬物容器1個分

水かけ菜…1kg
塩…40g

水かけ菜は、早春にとう立ちした茎葉を食べる

<つくり方>

1 水かけ菜を水洗いし、長いまま大きいボウルに入れて塩をふりかけ、両手のひらでもみこむように、しんなりするまでよくもむ。
2 容器に並べ、材料と同重量〜1.5倍の重しをのせる。
3 翌日、出てきた水を捨て、水かけ菜の上下を入れ替えて、2と同じ重しをのせる。
4 3〜4日でできあがり。食べやすい長さに切って器に盛る。

◎冷凍すれば一年中食べられる。細かく刻んで炒めご飯に入れたり、他の食材と炒めてもおいしい。

〈静岡県〉

わさびの茎の三杯漬け

静岡県では豊富な湧水に恵まれた安倍川流域や伊豆半島、富士山周辺地域などでわさびが栽培されており、わさび田でつくる水わさびの栽培面積や生産量は全国第1位です。とくに伊豆地域は、大きな石から砂までを下から順に敷き詰めたわさび田を棚田状に配する畳石《たたみいし》式わさび田で、高品質なわさびが生産されています。豊かな生態系と巧みな栽培技術は、「静岡水わさびの伝統栽培」として2018年に世界農業遺産に認定されました。

水わさびの収穫は一年中で、根がおもに出荷され、茎は三杯漬けやわさび漬け、刻みわさびなどに加工されます。わさび農家が家庭でよくつくるのが三杯漬けです。茎の中心がほんのり赤い赤茎系の品種を酢漬けにすると、アントシアニンが溶け出し漬け汁が淡いピンク色になります。わさびの辛みと甘酸っぱさがさわやかな風味を醸し出し、箸休めや酒のつまみによい一品です。花は、湯通しして塩昆布などで和えて食べるのが春先の楽しみだそうです。

協力＝安藤智久　著作委員＝伊藤聖子

撮影／五十嵐公

＜材料＞ 4人分

わさびの茎（細め）…300g
- 酢…200mℓ
- 砂糖…100g
- 醤油…30〜50g

わさびの根（根茎）と葉と茎（葉柄）。三杯漬けにはやわらかい茎を使う

＜つくり方＞

1. わさびの茎を2〜3cm長さに切り、さっと湯通しする。
2. ザルにあげて水をきり、冷ます。
3. 酢、砂糖、醤油を混ぜ合わせた三杯酢に**2**を漬け、辛みが飛ばないように密閉容器で保存する。2〜3日で食べ頃になる。

◎湯通しによってわさびの茎の細胞壁から辛みを引き出す。約3%の塩で一晩漬けてから三杯酢に漬けると、より辛みを引き出せる。湯通しの前に塩もみをしてもよい。

〈滋賀県〉

はぐき漬け

雪深い湖北地域では冬場、さまざまな漬物がつくられます。なかでもこの時期とれた菜っ葉を塩漬けしたはぐき漬けは湖北の冬の代表的な漬物です。

はぐき漬けには、高月菜《たかつきな》や尾上《おのえ》菜《な》など地名を冠した地域独自の菜っ葉やしゃくし菜、壬生菜《みぶな》などを使います。長浜市高月町では、雨が降ったりやんだりする「湖北しぐれ」が降る11月頃になると、家で育てている高月菜を外側から1枚ずつかきとって収穫し、重ねた葉をひとにぎりずつ束ねて漬けていきます。畑に残った株はそのまま春までおいておき、とうが立つようになったら引き抜いてぬか漬けにします。こうすることで、はぐき漬けとぬか漬けの2つの漬物を楽しむことができるのです。

漬けあがったはぐき漬けは、真四角に切って皿に盛り、3、4枚ずつ箸ではがしながらしょうが醤油につけて食べます。歯ごたえもよく、ほどよい塩けでご飯が進みます。漬けてしばらくたった古漬けはべっ甲色となり、酸味も加わり違ったおいしさを味わえます。

撮影／長野陽一

<材料> 15ℓの桶1個分

高月菜、尾上菜、しゃくし菜、壬生菜、
　からし菜などの菜っ葉*…10kg
あら塩…400～500g
醤油、しょうが…各適量

*葉が大きくなる菜っぱは、外側の葉から1枚ずつかきとって使う。壬生菜など葉の細いものは株ごと収穫して使う。

<つくり方>

1 葉は水でよく洗って水をきる。1枚ずつ重ね、茎の部分のひとにぎりが1束になるよう、わらでくくる。
2 桶の底に塩をふる。塩をふりかけながら葉先と茎が交互になるよう1を1束ずつ重ねる。
3 一番上の段を平らにならし、木の押し蓋をして葉の2倍重量の重しをする。
4 2～3日で水が上がる。重しを半分の重さにする。そのまま半月ほどおく。
5 1束ずつとり出す。茎元を切り、葉を重ねたまま長方形や、真四角に切って盛りつける。3～4枚ずつはがして、しょうが醤油をかけて食べる。

左／高月菜。大きくなってから外葉をかいて使う　中／株ごと漬けた高月菜のぬか漬け　右／ぬか漬けの古漬けを炊いた料理

協力＝本田靖子　著作委員＝小西春江

〈奈良県〉

おくもじ

県南の山間地域、大和高原などでは、真菜、しゃくし菜、高菜などの漬け菜が多く栽培され、その塩漬けを「おくも」とか「おくもじ」と呼んでいます。地域によっては漬物全般を、あるいは漬け菜の漬物の炒め煮を指す場合もあります。

宇陀《うだ》市《し》室生《むろう》西谷《にしたに》では、高菜の漬物をごま油で炒め、味つけしたものをおくもじと呼びます。高菜は庭先の畑でつくられており、秋に種をまき、11月下旬頃から収穫します。とりたての高菜はゆでて味噌和えにすることもありますが、ほとんどは塩漬けにします。漬けて日が浅い緑色の高菜は漬物で食べます。日がたって酸味が増し、べっ甲色になった古漬けは炒め煮にすることで独特の味わいが生まれ、おいしさが増すので、新漬けができるまでの1年間、おかずとして食卓で活躍します。白菜やたくあんの古漬けも炒め煮にしますが、漬物本来のきりっとした味や風味が残る高菜にはかないません。高菜漬けの大半は古漬けになるのを待っておくもじにして味わいます。

協力＝井野谷高子
著作委員＝志垣瞳、島村知歩

撮影／五十嵐公

＜材料＞ 約15人分

高菜の塩漬け*…1kg
赤唐辛子…1～2本
ごま油…40g
醤油…80g
酒…70g
みりん…55g
砂糖…40g
白ごま…大さじ1弱（8g）
かつお節…3袋（9g）

＜つくり方＞

1 高菜の塩漬けは水にさらして塩けが少し残る程度に塩抜きし、細かく刻んでかたくしぼっておく。
2 唐辛子は種を出し小口切りにする。
3 鍋に油を熱し、唐辛子を軽く炒めてから高菜をほぐしながら入れ、油が全体に回るように炒める。
4 調味料を加え、混ぜながら炒め煮にする。水分がなくなったら火を止めてごまとかつお節を混ぜる。

【*高菜の塩漬けのつくり方】

四斗桶1個分
（高菜25～30kg、塩4～5kg）

1 桶の底に塩をふる。高菜4～5枚を向きをそろえて束ね、すき間なく平らに詰め、塩を全体にふる。
2 1の上に4～5枚束ねた高菜を逆方向に押さえつけながら詰め、塩をふる。これを繰り返して漬けこむ。
3 押し蓋をして10kgの重しを2つ並べ、その上に大きな漬物石をのせて、高菜の2倍の重さをかける。
4 紙をかぶせて涼しいところにおく。4～5日で水が上がり、10日で食べられる。

〈広島県〉
広島菜漬け

鮮やかな緑色の浅漬けで食べることが多い広島菜漬けは、野沢菜漬け、高菜漬けと並ぶ日本三大菜漬けのひとつで、アブラナ科特有のピリッとした風味とあっさり上品な味わいがあります。京都から譲り受けた種から育成されたので「京菜」、茎が平たいので「平茎《ひらぐき》」と呼ばれたりもします。

太田川デルタにある広島市は水はけがよく肥沃な土壌に恵まれ、太田川流域の川内《かわうち》地区では昔から広島菜栽培が行なわれてきました。現在でも住宅地の中に広島菜の畑があり、冬になると一面鮮やかな緑色が広がります。収穫された広島菜は、加工業者だけではなく、農家が漬物に加工して直接販売したりします。

種はそれぞれの家で採取し、代々受け継いでいます。アブラナ科の野菜は他のアブラナ科と交雑しやすいため、毎年3月には農家やＪＡ、役所の職員が「カラシナ退治」を行ないます。太田川河川敷のアブラナ科の植物を除去するのです。このようにして地域で種を守り、栽培を続けています。

協力＝石光六恵　著作委員＝渡部佳美

手前が浅漬け、奥は古漬け（右）と古漬けの炒め物

撮影／高木あつ子

広島菜の畑は、太田川流域の住宅地に広がる

＜材料＞ 60ℓの漬物樽1個分

広島菜…10kg
塩（荒漬け用）…2.3kg
水…20ℓ
塩（中漬け用）…100g
切り昆布…10g
赤唐辛子（輪切り）…2本程度

＜つくり方＞

1 漬物樽に水20ℓと塩を入れ、荒漬け用の塩水をつくる。
2 1に広島菜を入れ、中蓋と20kgの重しを2個（計40kg）のせ、一昼夜おく（荒漬け）。株が大きかったりかたいときは、もう1日漬ける。
3 水が上がってきたら中漬けを行なう。2を流水でよく洗い、汚れをとり除く。とくに株元には土が入りこんでいることがあるのできれいに洗い、ザルにあげる。
4 株元に十字に切り目を入れ、中漬け用の塩を株元と葉の間にパラパラとふり、重しを約10kgにして1～2日漬ける。
5 最後に本漬けを行なう。別の樽を用意し、中漬けした広島菜を軽くしぼりながら葉先と株元が互い違いになるように並べ、1段ごとに昆布と唐辛子をふる。中漬けと同じ重さの重しをして3日ほど漬けると浅漬けのできあがり（写真①）。

◎広島菜自体に辛みがあるので唐辛子は少なめにする。

◎荒漬けのときに水が上がらなかったら同じ濃度の塩水をたす。

◎ひと月ほどたつとあめ色の古漬けになる。細かく刻んで油で炒め、醤油とみりんで調味し、しらす干し、白ごま、かつお節を加えてもおいしい。

〈広島県〉

白菜漬け

島根との県境にある庄原市高野《たかの》町《ちょう》は、中国山地の山々に囲まれた冷涼な高原で、りんごが特産です。県内でも有数の豪雪地帯で、冬の保存食として野菜や山菜を各家庭で漬けてきました。

近年は住居の気密性が高まり、漬物を漬ける場所や保存場所が少なく、漬物特有のにおいも敬遠されますが、昔の農家の家には土間があり、ここで何樽も仕込んで保存しました。現在も土間で漬物をつくる80歳代の人に話を聞くと、塩は手でつかんで入れ、舌で確認するそうです。気温が低いので塩が少なくても味は悪くならず、春になったら塩をたして漬け直します。ぬかは、うるち米のぬかを使うとおいしくなるそうです。

山菜も米ぬかと塩で漬けて保存します。5～6月に家の周りに自生する大きなとうぶきをゆがいて筋を除き、米ぬかと塩をたっぷりとふり入れて漬けておくと1年間保存できます。ゆがいて塩抜きし、厚揚げやにんじんなどと一緒に煮つけてよく食べるそうです。

協力＝堀江陽子　著作委員＝上村芳枝

＜材料＞ 80ℓの漬物樽1個分

白菜…約30kg（7～8株）
塩…600～700g
米ぬか…約400g
角切り昆布…120g
赤唐辛子（輪切り）…16g

◎温暖な地域・気候で漬ける際は塩を白菜の4%にするとよい。

＜つくり方＞

【下漬け】

1 白菜は外側の葉をはずし、4つに切る。
2 漬物樽に水15ℓ程度と塩300～400gを入れて溶かし、1の白菜を切り口が上になるように詰める（写真①）。
3 塩水がかくれるくらいまで白菜を詰めたら、つぎは白菜をひと並べしては塩をふりながら樽に詰める（写真②）。塩は株元を中心にしながら全体にふる。
4 一番上は、外側を上にして並べて残りの塩をふり、水1合を樽の横から注ぐ（写真③）。中蓋と、白菜と同重量の重しをのせる（写真④）。
5 翌日、白菜の上に水が上がるが、塩がなじむ1週間後に本漬けに入る（写真⑤）。

【本漬け】

6 下漬け白菜を、水けをしぼりながら樽からとり出す。
7 きれいな樽に厚めのポリ袋を敷き、底に米ぬかをふたつかみと、昆布、赤唐辛子をふり入れる。ここに6の白菜の水けを軽くしぼりながら、株元が外側になるように並べる（写真⑥）。
8 白菜を1段詰めたら、米ぬかふたつかみと、昆布、赤唐辛子をまんべんなくふり入れる。これを繰り返す（写真⑦）。
9 詰め終わったら空気が入らないようにポリ袋を折りたたみ、中蓋と重し（9kg）をのせる。
10 室温にもよるが、冬期は約2週間後から食べられる（写真⑧）。さっと洗い、水けをしぼり食べやすい長さに切り、皿に盛りつける。5月以降も残っていたら塩を加えて漬け直す。

①

②

③

④

⑤

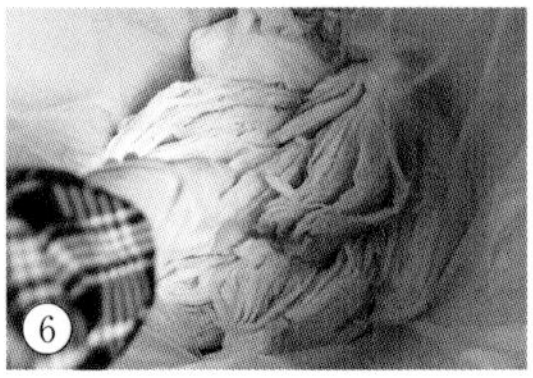
⑥

⑦

⑧

撮影／高木あつ子

〈福岡県〉

高菜漬け

　春に漬けた高菜は梅雨を越してから食べ始め、次の高菜がとれるまで毎日食卓に登場します。高菜独特のピリッとした辛みが残る若漬けは、乳酸発酵が進むにつれて香りや酸味が増し古漬け独特の風味となり、ご飯をおいしく食べるための脇役として欠かせません。保存のため塩分が高めではありますが香りと辛みがやみつきになり、ラーメンにも欠かせず、高菜入りチャーハンは漬物離れがいわれる若者にも人気があります。高菜漬けを炒め煮にすると「ご飯ドロボウ」と呼ばれるほどご飯が進みます。

　材料の高菜は、濃緑色の葉で肉厚な三池《みいけ》高菜です。筑後地方の筑後川や矢部川流域一帯は福岡県でも有名な野菜どころで、10月に種をまいた高菜は春にはひと株2〜3kgに成長し、3月の終わりから4月にかけて収穫して株ごと漬けこみます。90代の方に話をうかがうと、暑くなる時期は手入れが悪いと虫がわくので、桶をきれいにしてきっちりおおうのが大切と教えてくれました。

協力＝須古冨美子　著作委員＝入来寛

撮影／長野陽一

＜材料＞ 10ℓの漬物桶1個分

高菜*…5kg
塩…500g（高菜の10％）
赤唐辛子…10本程度

*株が十分に成長し、葉に厚みとつやのあるものを選ぶ。

重しを強くすることで保存性を高めている

写真提供/須古冨美子

＜つくり方＞

1 高菜は洗って1〜2日陰干しして少ししなびさせる。株元を広げて物干しざおにかけたり、外側の葉をめくったりして、株元内側までしんなりさせる（写真①、②）。

2 分量の塩から少量（高菜の約1％）をとり分けて1の高菜にふり、まな板などの上で両手で転がしながらアク汁が出るまでもむ。

3 汁をしぼり、漬物桶に沿って葉先と根元を互い違いにすき間がないように並べ、塩をふり、唐辛子を入れる。

4 これを繰り返して詰め、押し蓋をして、高菜の2倍程度の重しをのせて、ポリシートでおおいをする。

5 アクを含んだ茶色い水が上がってくるので、1週間漬けたら重しをはずし、桶を横にして水を捨てる。

6 水けをしぼりながら高菜の上下を入れ替え、空気が中に入らないように押し蓋と高菜の2倍程度の重しをのせる。虫が入らないようにシートでおおって梅雨明けまで漬けこむ。

7 べっ甲色になったら細かく刻んで食べる。

◎桶のふちや周りについた塩や水分をきれいにふきとること。桶にポリ袋を敷いて漬けてもよい。

〈熊本県〉

高菜漬け

3月中旬頃、阿蘇では高菜のとうを一本一本手で折りながら収穫する「高菜折り」が始まります。収穫した高菜を塩漬けにしたのが高菜漬けです。漬けてから日の浅いものは「新漬け」と呼ばれます。鮮やかな緑色の新漬けは、高菜のぴりっとした辛味が特徴で、春の訪れを感じさせてくれます。

そこから2〜3カ月たつと、葉があめ色の「古漬け」になります。辛味は抜けて、乳酸発酵により、独特の酸味と風味が増しています。古漬けは、次の年の高菜漬けができるまで1年間かけて食べるのが普通ですが、漬けこみの管理がしっかりできていれば、1年とはいわず、3年でもおいしく食べることができます。

高菜の種をまくのは前年の10月頃です。冬の最低気温がマイナス10℃以下にもなる地域ですが、高菜は耐寒性が強く、寒さにあたることでやわらかくおいしくなるといいます。また、阿蘇山の火山灰が積もった土は水はけが良く、高菜の栽培に向いています。

協力＝後藤巌　著作委員＝原田香

撮影／戸倉江里

<材料> 20ℓの樽1個分

阿蘇高菜…10kg
新漬け用の塩…600g
古漬け用の塩…450g

高菜漬けの新漬け。漬けこんで4日目くらいから食べられる

3月に収穫した高菜。高菜漬け以外に油炒めにして食べることもある

<つくり方>

1 両手で軽くつかめる分量の高菜をとり、まな板の上で一本一本すり合わせるようにもむ。こうすることでやわらかく、塩がなじみやすくなる。
2 樽に高菜を並べ、1段敷き詰めたら新漬け用の塩をふる。これを繰り返し、最後に残った塩をふる。
3 押し蓋をおき、高菜の3倍重量の重しをのせ、日の当たらない涼しい場所におく。
4 1〜2日後、押し蓋の上に水が上がってきたら、水を捨て、別の樽に上下逆さに漬けなおす（天地返し）。**3**と同様にし、2日たったら新漬けのできあがり。
5 ここから古漬けに漬けなおす場合は、一度樽から出して水けをしぼり、再度樽に高菜を並べ、古漬け用の塩をふり、**2**〜**3**と同様に漬ける。2週間後に別の樽に天地返しを行ない、1カ月以上おく。

◎新漬けはそのまま水けをしぼり、古漬けは水洗いしてから水けをしぼり、3cm程度に切って盛りつける。

◎3カ月以上もたせる場合は、押し蓋をおく前に新聞紙とビニールをかぶせる。新聞紙は古漬けをとり出すときや、白い膜が新聞紙についていたらとり替える。

〈宮崎県〉
しその千枚漬け

しその葉を何枚も重ねた味噌漬けで、直方体に切って供します。幾層にもなった断面が美しく、上からはがしながら食べるとしその香りが広がります。九州山地の中央部に位置する椎葉村《しいばそん》をはじめ県内各地で、ご飯と一緒に食べたり、酒の肴にしてきました。

椎葉村の農家は、葉脈が少なくやわらかい在来種のしそを使っています。地元で「白じそ」と呼ばれるもので、白じその量が少ないときは赤じそを混ぜるそうです。収穫は9月のひと月だけで、穂が出る直前の大きくてやわらかい葉を摘み、1シーズンに2回漬けます。

漬け床には常に新しい味噌を使います。一度使った味噌は酸っぱくなるためで、この味噌は砂糖や醤油を加えてゆずや野菜を漬けこみます。これらはどの家でも祖母や母親から教わりました。日南市の農家は葉に1枚ずつ針で木綿糸を通し、そろえて漬けるそうです。漬け床も、味噌に砂糖を入れたり焼酎を入れたりと、地域や家庭で好みの味につくられています。

協力＝椎葉キク子、椎葉ミチヨ、久松優花
著作委員＝篠原久枝

<材料> 28×40cmの10丁用豆腐箱1個分*

青じそ…6kg
塩…300g（葉の5%）
味噌…10〜15kg（材料がつかる程度）

*四角くて水きりできる容器ならOK。大きさに合わせてしその量を調整する。

<つくり方>

1 青じそは枝を下にむけて、葉の裏に虫や虫の卵がついていないかを確認しながら葉をちぎる（写真①）。たらいに入れて水でよく洗い、ザルにあげる。
2 たらいに戻して塩をふり、よく混ぜる（写真②、③）。なめてみてちょっと塩辛いぐらいがよい。
3 大きなさらし布を敷いた豆腐箱に2を入れ、にぎりこぶしで均等に押しこみ全体に敷き詰める。隅のところもきっちりと詰める（写真④）。
4 さらし布で包み、中蓋と重し10kgをのせ、水分が抜けるまで2〜3日おく（写真⑤）。
5 しその水分が抜けしっかりとかたくなったら、長方形に20等分に切る（写真⑥）。
6 孟宗竹や黒竹の皮の中央にのせ、包みやすいように竹皮の長さを調整する（写真⑦）。下、上、右、左の順に折りたたみ、竹皮を裂いたひもで結ぶ（写真⑧）。
7 漬物樽の底に味噌を敷き、6と味噌を交互に重ね、最後に表面に、カビ防止に塩と焼酎（いずれも分量外）をふる。5kg程度の重しをして3カ月以上漬けこむ。
8 味噌床から包みごととり出し、竹の皮を開き、しその葉を重ねたまま3×4cmほどの食べやすい大きさに切って供する。上からはがすようにして食べる。

◎竹の皮には抗菌性があるので、中のしそにカビが生えにくい。半日ほど水につけ、やわらかくして使う。

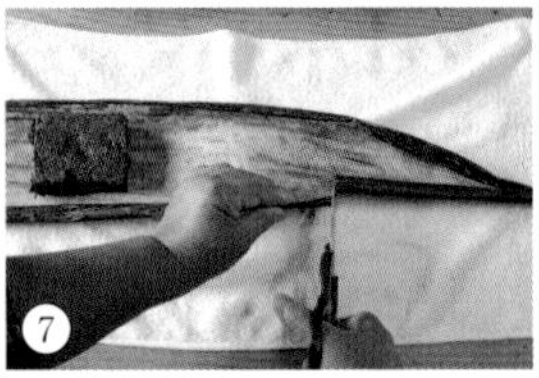

青じその千枚漬けととうきび入りのご飯

撮影／高木あつ子

〈栃木県〉

日光唐辛子の醤油漬け

材料は日光市周辺で古くから栽培されている唐辛子で、出回るのは7〜8月という季節限定の品種です。表面がシワシワとしており、細長く10〜15cmになります。色の青い若いうちに収穫するため、辛みも強くなくさわやかな刺激の夏の味ですが、収穫が少し遅れると赤色がかってきて、色合いはきれいでも食べると辛みが強くなっています。赤い唐辛子の混ざった醤油漬けを食べた子どもはあまり手を出さなくなりました。

ピーマンのおひたしのようにサッとゆでて醤油をかけて食べてもいいのですが、醤油に漬けこむとご飯が進む一品になり、夏になるといつも食卓に上る日常のおかずでした。漬け汁を炒め物や煮物に使うと、ピリッとした辛みと香りが加わって料理の味がしまります。

醤油漬けは家庭で簡単に食べる食べ方ですが、唐辛子を1本ずつしそで巻いて塩漬けしたものは、修験道に由来する日光名物として伝統の土産品にもなっています。

著作委員＝名倉秀子、藤田睦

撮影／五十嵐公

＜材料＞つくりやすい分量

日光唐辛子…250g
醤油…200mℓ
酢…10mℓ

＜つくり方＞

1 唐辛子は葉柄をつけたまま熱湯を通す。
2 葉柄をとり除き、ビンに入れる。
3 醤油と酢を加熱し、沸騰前に火からおろす。
4 唐辛子の入ったビンに3を入れて漬ける。
5 1〜2週間で食べ頃となる。

〈富山県〉
金糸うりの粕漬け

金糸うりは加熱すると果肉がほぐれて麺のようになるので、そうめんかぼちゃとも呼ばれます。県の東端で新潟県や長野県に接する朝日町の山崎地区では、昔から白うりの一種のかたうりが広くつくられていましたが、金糸うりをつくっている家もありました。金糸うりはゆでてほぐして酢の物にすることが多かったそうです。

かたうりの粕漬けはよくつくられていたのですが、金糸うりを粕漬けにすることもありました。シャキシャキした食感が珍しく、酒粕の甘味と釣り合う絶妙な塩加減でご飯がよく進む漬物として好まれました。

昭和の終わり頃に、山崎地区に地域の共用の農産加工施設ができたのを機に特産品づくりが始まりました。「わが家の自慢の家庭料理」を30品ほど持ち寄ってみんなで試食をした結果、珍しさとおいしさを備えた「金糸うりの粕漬け」をつくることになったのです。地域限定の自家用の漬物だったのが、今では町の名物として定着しています。

協力＝上不久江、弓野良子
著作委員＝深井康子、守田律子

撮影／長野陽一

＜材料＞10人分

金糸うり*…3kg（正味1.5kg）
塩…135g
酒粕…2kg
砂糖…660g

*収穫したての金糸うりは10日間ほど日に当てて乾かし、中身が締まってきてから使用するとよい。

＜つくり方＞

1 金糸うりは両端を切り落として縦に四つ割りにし、皮、種、わたをとる。
2 うりの正味の重さの9％の塩を全体にまぶし、うりの皮の側を下に、中身を上向きに並べ、500gの重しをして冷蔵庫で2週間漬ける。
3 **2**のうりをザルにあげ、一晩水けをきる。
4 酒粕と砂糖をよく練って混ぜる。
5 漬物容器にポリ袋を入れ、**4**の一部を底に入れ、**3**のうりを上向きに敷き詰め、**4**をかける。うりと**4**を何段か繰り返して重ねてポリ袋を閉じる。冷蔵庫で3週間、酒粕の味がなじんで甘く、透明感のあるあめ色になるまでねかせる。

〈山梨県〉

鉄砲漬け

青はぐらうりを筒状にし、中に青じそを巻いたなんばんを入れ、塩漬けと味噌漬けの2段階の加工をした漬物です。中に入っている青じそとなんばんのピリッとした風味が特徴。できあがりを切った断面は美しく、また味噌床を入れ替えることで、長期保存もできます。はぐらうりの「はぐら」は肉質がやわらかいため、歯がぐらついていてもかめるという意味だそうです。白皮の「白はぐら」もありますが、南部町の鉄砲漬けは青はぐらを使います。

鉄砲漬けがつくられている県最南の南部町は寒暖の差が少なく温暖多雨の気候を生かした農業や林業がさかんです。青はぐらうりやなんばん、青じそは、自家用に畑で育てるもので、収穫時期の夏に仕込み、秋に漬かったら、それ以降は一年中日常的に食べます。集会などにも持ち寄り、みなで味を比べ合うのも楽しみです。今回紹介した味噌床に、細ごぼう、セロリ、きゅうり、しょうが、みょうが、ゴーヤを漬けてもおいしいそうです。

協力＝佐野志津江、栗田恭子
著作委員＝柘植光代

撮影／高木あつ子

＜材料＞ 30〜40ℓの桶1個分

青はぐらうり*…10本（1本は200〜300g）

┌ なんばん（青唐辛子）…20本
│ 青じそ…20枚
└ 塩…20g

塩…300g

【最初の漬けこみの味噌床】

漬物用の味噌**…1kg
上白糖***…800g

【2度目の漬けこみの味噌床】

漬物用の味噌…1kg
上白糖…800g

*シマウリの一種。円筒形で皮は濃緑色、果肉は厚くやわらかい。

**漬物用として売っている信州味噌の一種。

***上白糖は溶けやすく、味噌と短時間でなじみ、色がきれいに仕上がる。

＜つくり方＞

1 なんばんは収穫したら冷凍する。しなっとして巻きやすくなる。
2 青じそに塩をふり、解凍したなんばんにしっかり巻く。冷凍か冷蔵でうりの収穫時期まで保存する。
3 うりの両端を切り落とし、中の種をとり除き、よく洗い筒状にする。
4 筒の中に2を入れて、周りに塩をつける。手でうりを平らにしながら桶に入れ、桶に合わせた押し板で押して平らにする。20kgくらいの重しをのせ、一様に漬かるようにする。1日で水が上がる。
5 最初の漬けこみ用の味噌床に水をきった4を漬け、厚みが2.5〜3cmになるまで1週間ほどおく。漬けてすぐに食べてもおいしい。
6 1カ月以内にうりの水分をふきとり、2度目の漬けこみ用の味噌床に漬け替える。漬けたままでは水分が出るので、味が変わらず保存性をよくするため。2日目から食べられる。
7 冷蔵で1〜2年は保存できる。ただし、1年たったら再度、味噌床を替える。

撮影／五十嵐公

<材料>

子メロン（摘果メロン）…適量
塩…メロンの2%程度

<つくり方>

1 子メロンをよく洗う。
2 ヘタを落とし、小さいものは丸のまま、大きいものは縦2つに切ったり、くし形切り、半月切りなど食べやすい大きさに切る。種は、気になるようならとる。
3 メロンに塩を均一にまぶす。
4 ポリ袋などに入れて空気を抜き、冷蔵庫で半日から2日ほどおく。

〈静岡県〉

子メロン漬け

袋井市などの県西部では年間を通して温暖で長い日照時間を生かし、大正時代から温室マスクメロンの栽培が行なわれてきました。

マスクメロンは1本の木から3本の枝をのばし1個ずつ実をつけますが、最終的には1個だけを残して、2個は摘みとります。この摘果された実が子メロン（小メロン）です。温室メロンは1年を通して生産され、年3～4回収穫するので、摘果の時期にはたくさんの子メロンができます。もったいないと、それらは捨てずに漬物などに利用されてきました。農家の庭先や直売所、また夏期にはスーパーなどの店頭にも並ぶため、農家でなくても漬けています。

子メロンは、ピンポン玉くらいの大きさのものから、卵大のものまであります。塩漬けのほか、ぬか漬けや粕漬け、塩昆布漬けにしたり、同じウリ科であるきゅうりと同じように使うそうです。食感はカリカリしており、きゅうりに比べて青臭さが少なく食べやすいので、生のままスライスして食べる家庭もあります。

協力＝内藤喜子　著作委員＝村上陽子

〈福岡県〉

うりの粕漬け

県南部の筑後地域は、筑後平野でつくられる米と筑後川の豊かな水の恵みを受け、酒づくりがさかんな地域です。昔から酒粕は身近な食材で、酒粕を使った漬物が各家庭でつくられてきました。

うりの粕漬けというと奈良漬けが有名ですが、おもに酒蔵でつくられる奈良漬けはいわば古漬けで、二度三度と新しい酒粕に漬け直し、酒粕を贅沢に使います。家庭の粕漬けはたいてい一度漬けの浅漬けで、味の浸透が浅く、カリカリとした歯ざわりとさっぱりとした食味が特徴です。

以前は、有明海ではたいらぎの貝柱や貝類の海茸《うみたけ》などが豊漁で、魚介の酒粕漬けも家庭でよくつくられましたが、最近はうりの粕漬けが中心です。6～7月になると朝倉地区の馬田《まだ》をはじめ地元でとれた白うりがスーパーなどの店頭に並び、酒屋には地元酒蔵の漬物用の酒粕の入荷を知らせる紙が貼られるようになります。そして秋に粕漬けができあがると、持ち寄って漬物談議が始まります。

協力＝髙橋努武

著作委員＝猪田和代、吉岡慶子

<材料> 6.5ℓの漬物容器1個分

白うり*…3kg（5個）
あら塩…500g
粕漬け用酒粕**…4kg
ザラメ…600g

*新鮮な肉厚のものを選ぶ。時季の終わりはかたくなるため、出始めがよい。

**板粕を熟成させたやわらかい酒粕。練り粕、踏みこみ粕ともいう。

<つくり方>

1 うりを縦半分に切り、種と周りのやわらかいところをスプーンでくり抜く（写真①）。
2 皮の部分に塩をこすりつけ、種をとったくぼみに塩を7分目まで入れる（写真②）。
3 塩を詰めた方が上になるように漬物容器に並べる。2段目以降は下の段と直角になるように重ね、押し蓋をしてうりの重さの約2倍の重しをのせ漬けこむ。
4 3日ほど漬けると水分が出てくるので、さらに1～2日おく（写真③）。うりをザルにあけ、半日干し、乾いた布巾やペーパータオルでふく。
5 酒粕にザラメを混ぜる。
6 蓋つき容器にポリ袋を敷き、5の酒粕を厚さ2cm程度に敷く。この上に皮を上にしてうりを敷き詰め、酒粕、うり、酒粕と交互にのせ、一番上を酒粕でしっかりおおう。空気を追い出すようにしてポリ袋をたたみ、蓋をする。
7 2カ月ほど漬けこむと食べることができる。酒粕を落として水で洗い、6～8mm厚さに切る。

撮影／長野陽一

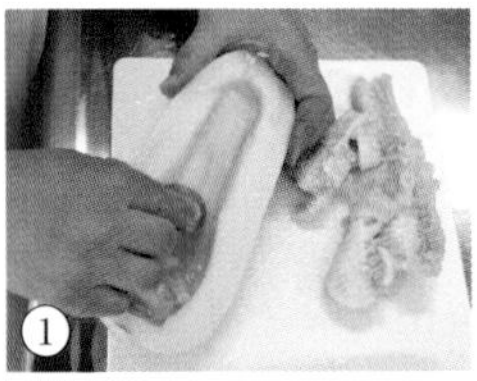

撮影／高木あつ子

＜材料＞ 3〜4ℓの桶1個分

丸なす…正味1.5kg
二番米*…450g
塩…300g
ミョウバン…小さじ2
米…150g　砂糖…1.5kg
赤唐辛子…5本
黄菊（食用菊）、笹の葉…適量

*粒が小さかったり、割れたりした米。中米、くず米ともいう。なければ、普通の米でよい。

＜つくり方＞

1. 二番米をかためと炊き、冷めたら塩を50g混ぜる。
2. なすを厚さ4cmの輪切りにする。端は使わない。なすが浸かる程度の水にミョウバンを溶かしつける。
3. 桶に1を薄く敷き、水をきったなすを切り口を上にして並べ、残りの塩を多めにかける。その上に2のミョウバン水100gを1回だけかけ、再び1を敷く。同じ手順でなす、塩、笹を重ねて3〜4kgの重しをして漬けこむ。
4. 2カ月たったらなすをとり出し、水につけて何度か水をとり換えながら少ししょっぱく感じる程度に塩出しする。よくしぼって水けをきった後、なすの形を整える。
5. 米を炊いてすり鉢でつぶす。
6. なすの上に5を少しのせ、その上に菊、輪切りの赤唐辛子をのせる。
7. 桶に6のなすを並べ、なすが見えなくなるくらい砂糖をかける。
8. 笹を境に敷いて、同じ手順で重ね、2kgの重しをして漬けこむ。約2カ月で食べ頃になる。

〈秋田県〉

なすの花ずし

県の南部は約4カ月も雪に埋もれる長い冬を乗り切るために、食品の貯蔵技術にも優れ、漬物の種類も豊富です。また、野菜の漬物のことを「がっこ」といい、どこの家庭でも競っておいしい漬物をつくり、お互いに持ち寄ってお茶を飲みながら漬物をいただく「がっこ茶」を楽しんでいます。

そのなかでも、なすの花ずしは、なすの紺色、菊の花の黄色、唐辛子の赤が美しく目でも楽しめて、芸術品といっても言い過ぎではありません。甘くてしょっぱいなすの花ずしは、いぶり漬け、なた漬けと並んで県南の特産品として知られています。

婦人会活動もさかんな県南では「漬け物コンテスト」も行なわれています。なすの花ずしは発色、形の美しさ、味が受賞の決め手といわれています。夏とれたなすを菊の花が咲く頃まで下漬けし、咲いたばかりの菊の花を摘んで本漬けします。今でも各家庭で自作のなす、菊の花、唐辛子を使い、時間と手間をかけてつくられています。

協力＝平塚妙子、平塚信子
著作委員＝山田節子

撮影／長野陽一

〈山形県〉

なす漬け

特産の薄皮丸なすの一夜漬けで、米沢市を中心とする置賜《おきたま》地方の夏の食卓に欠かせない漬物です。ひと口サイズの巾着形のなすは皮が薄く、漬物にするとパリッとした歯ごたえがあり、果肉は弾力があります。置賜地方は盆地のため夏は蒸し暑く、暑くて食欲がわかないときでも、氷で冷やしたしょっぱいなす漬けさえあればご飯が食べられるという人が多くいます。なすは辛子漬けや三五八《さごはち》漬け（p64）にしてもおいしいです。

なす漬けは、砂糖を加えて漬け、それがちょうどいい塩梅になります。現在は、なすをびんにぎっしりと詰めて漬け液を注ぐびん漬けが、その手軽さから普及していますが、これは平成に入ってから考案されました。昭和30～40年代は重しをかけて漬ける押し漬けが一般的だったので、ここでは押し漬けを中心に紹介します。

県内には他にも小型の丸い漬けなすがあり、米沢市の窪田《くぼた》なす、庄内地方の民田《みんでん》なすも地元で愛されています。

協力＝小野里幸子、是川邦子、太田暁子
著作委員＝齋藤寛子

<材料> 4.5ℓのかめ1個分

薄皮丸なす（小なす）…1kg
ミョウバン…3g（水の0.5%）
塩…50g（水の8%）
砂糖…60g（水の10%）
水…600mℓ
青なんばん（青唐辛子。生）…1～2本

「山形おきたま伝統野菜」の薄皮丸なす。4～5cmの大きさで、皮が薄くておいしい

<つくり方>

1. なすは洗ってヘタをとり、ミョウバンを全面に押しつけるようにしてまぶす。
2. 水に塩と砂糖を入れ、一度沸騰させ、冷ましておく。
3. かめになすと青なんばんを入れ、2の漬け汁をなすが浸るまで入れる。
4. 中蓋をし、上になすの2倍の重しをする。
5. 常温で一晩おき、水が上がったら重しを軽くして（なすの重さと同程度）、冷蔵庫に入れる。

◎びん漬けは、ミョウバンをまぶしたなすを広口のびんにすき間なく詰め、なんばんも入れて漬け汁を口元まで注ぐ。ねじ蓋をしめ、常温に2日ほどおき、なすの色が変わったら冷蔵庫に入れる。常温においている間に発酵し、液がもれてくることがあるので気をつける。できあがりは押し漬けの方が歯ごたえがよい。

〈大阪府〉

ぬか漬け

ぬか漬けはぬか味噌漬け、どぶ漬けなどとも呼ばれます。昭和の時代には、どこの家庭にもぬか床があり、毎日、明日の分の野菜を加えてはかき混ぜて何代にもわたって受け継いできました。長く漬かった古漬けになったら、さっと洗って、おろししょうがと醤油をかけて食べるのもおいしいものです。

八尾市などの中河内《なかかわち》地域では、今も年配の方を中心におかいさん（お粥）がよく食べられていて、ぬか漬けはおかいさんのお供に欠かせません。普通のご飯を食べても、最後はぬか漬けで口をさっぱりさせるというように、ぬか漬けはいつも食卓にあります。

府南部の岸和田では、生でも食べられるほどみずみずしい水なすが名産です。なり始めたら一時にたくさんとれるので、水なすのおいしい保存法としてぬか漬けが好まれました。古漬けになったものは「どぼ漬け」と呼び、2〜3年漬かったものもあります。どぼ漬けは塩抜きして小えびなどと煮る「じゃこごうこ」もおいしい食べ方です。

協力＝久禮弘子、久禮優子、原貞子、森川雅恵、森川千代子　著作委員＝澤田参子

撮影／高木あつ子

＜材料＞つくりやすい分量

【ぬか床】

（2〜3人分がまかなえるぬか床の分量）

米ぬか（生）…1kg
水…1kg（ぬかと同量）
塩…130g（ぬかの13％）
赤唐辛子…2〜3本
かつお節…約5g
昆布…10〜15cm
煮干し…5尾ほど（2〜3g）
捨て漬け野菜（白菜の外葉、なす、大根のヘタなど野菜くず）…ぬか床にひたり、はみ出さない程度

【本漬けの野菜】

水なす…1〜2個（1個約180g）
好みの野菜…1〜2日で食べきる程度の量

泉州（府南西部）の水なす

＜つくり方＞

【ぬか床の用意】

1 ぬかと水、塩を混ぜてだんご状にし、容器の底や縁に打ちつけるようにしながら練り合わせる。ぬか床がしっとりする。味噌くらいのかたさになるよう水を調節する。蓋付き容器に移し、かつお節、赤唐辛子を混ぜる。
2 捨て漬け野菜を入れて、昆布と煮干を差しこむ。手のひらで表面を押しつけて空気を抜く。
3 初めの1週間は、1日2回底からしっかり混ぜる。捨て漬け野菜は4〜5日たったら入れ替える。1週間くらいで床はやわらかく発酵してくるので、捨て漬け野菜は除き、本漬け用の野菜を入れる。

【本漬け】

4 水なすは丸ごと軽く塩もみ（分量外）してから漬ける。早く漬けたい場合はしっかり全体を塩でもんでから漬ける。ヘタはとってもとらなくてもよい。1〜2日で好みの漬かり具合になったらとり出す。
5 浅漬けの場合は縦半分にしてから、さらに縦8mm幅に切る。どぼ漬け（古漬け）の場合は横に薄く切って塩出ししてから食べる。
6 野菜は他にきゅうり、大根、うり、かぶ、キャベツ、白菜など身近なものでよい。軽く塩もみしてから漬けると早く漬かり、色合いもよくなる。

【ぬか床の手入れ】

- できるだけ1日1回は混ぜて、全体に酸素を行き渡らせると、菌の働きが活発になりおいしくなる。
- ぬか床は涼しい場所に常温保存する。30℃以上になると異常発酵する場合があるので、暑い時期は冷蔵庫に入れるとよい。冷蔵庫に入れた場合は2日に1回混ぜる。
- ぬか床に水分がたまってきたら、ぬかを足して水分量を調節する。

〈山口県〉なすの辛子漬け

辛さと甘さのバランスが絶妙な辛子漬けは広く親しまれている食べ方で、なすがある時期には毎食でも食べます。家によって味はさまざまで、市販品も多いので、好みのものを購入することもあります。ツンと鼻に抜ける辛さは大人の味で、酒の肴には最高です。なすは細くて長く、水分が多くてやわらかいものがよく、お盆の頃に出る露地物の早なす（秋なす）などはピッタリです。

離れて暮らす家族が「なすの辛子漬けが食べたい」と言うから毎年つくっているという人もいます。辛子は地元で売られている、やや粗びきの粉辛子がよく使われています。辛子を混ぜたら香りが逃げないように密閉することが大切です。

県中部の仁保《にほ》地区では、肉厚でカリカリとした歯ごたえがおいしい特産の「仁保きゅうり」でも辛子漬けをつくります。1本が30cmほどにも育つ大きい品種で、縦半分に切って種を除き、大きく乱切りにして漬けこみます。調味料の配合はなすの場合と同じでよいそうです。

協力＝村田秀子　著作委員＝園田純子

撮影／高木あつ子

＜材料＞1ℓ程度の密閉容器1個分

なす…1kg
塩…100g（なすの10％）
A
- みりん…1/2カップ
- 砂糖…200g
- 粉辛子…35g
- 酒…1カップ

＜つくり方＞

1 なすをよく洗う。1cmの厚さの輪切りにする。太い場合は半月切りにする。縦に3～4本の筋目を入れるように皮をむいてから切ってもよい。
2 1を塩でもんで容器に入れる。錆びた釘をガーゼにくるんで入れ、軽い重し（なすと同重量程度）をして一晩漬ける。
3 2の水けを軽くしぼった後、ボウルに入れてあらかじめ合わせておいたAとよく混ぜこむ。
4 密閉できる容器に入れ、冷蔵庫に入れて保存する。半日（一晩）たったら食べられる。

◎2で漬けるときは、重しをして蓋をするのに4～5ℓ程度の漬物用容器が使いやすい。

野菜いろいろ・梅・魚介の漬物

そのときどきにとれる野菜をさっと漬ける三五八漬けやぬか漬け。夏から冬にかけてのいろいろな野菜を合わせたやたら漬け。秋の菊やきのこ、初夏の梅を使った漬物や、にしんやするめなどの魚介の乾物が入った、祭りや正月のごちそうになる漬物も紹介します。

〈青森県〉

菊の巻き漬け

県南部の三戸《さんのへ》町は昔から食用菊の産地で、なかでも鮮やかな黄色い菊「安房宮《あぼうきゅう》」の生産がさかんです。安房宮は、江戸時代に京都の公家、九条家から観賞用にもらいうけた南部藩主が、香り豊かで甘味がありおいしかったため食用として広めたといわれています。三戸では酢の物や和え物、おひたしや味噌汁、漬物などさまざまな料理に安房宮を使っており、菊の巻き漬けもそのひとつです。秋に収穫した花を蒸して干した「菊のり」で、にんじんや大根、小松菜を巻き、三杯酢に漬けて食べます。少し苦味のある菊と甘酢、野菜がよく合い、菊ならではのシャキシャキとした食感も楽しめます。

最近はさっと塩漬けした野菜を巻いて即席の酢漬けのように食べますが、以前はしっかり漬けた大根やにんじんの漬物や高菜漬けを巻いていました。冬場、あまり野菜がとれず、食卓の色が少なくなるなかで、鮮やかな色合いのこの料理はハレの日に欠かせない料理です。来客があったときやお正月などに出すと食卓が華やぎます。

協力＝川上ケイ子　著作委員＝安田智子

＜材料＞ 1本分

安房宮（食用菊）…100g
小松菜…1株（30g）
にんじん…1/5本（30g）
大根…30g
塩…小さじ1/4
三杯酢
- 砂糖…小さじ1と1/2
- 塩…小さじ1/5
- 酢…大さじ1

＜つくり方＞

1. 安房宮の花びらはがくから外す。巻きすの上に花びらを均等にのせ、蒸し器で3分蒸し上げた後、一晩干す（菊のり）（写真①）。
2. 小松菜は塩ゆでし、冷ます。
3. にんじん、大根は長さ15cm、7mm角の棒状に切る。
4. にんじん、大根に塩をふって軽くもみ、少しおく。
5. 巻きすの上に1の菊のりをのせ、端から2〜3cmの位置に水けをきった小松菜、にんじん、大根を一直線に並べ（写真②）、のり巻きの要領で一気に巻く（写真③、④）。
6. 2cmの輪切りにして、平らな容器におき、三杯酢をかけて1時間ほど味をなじませてから器に盛りつける。

◎写真の菊の巻き漬けには300gの安房宮を使ったが、今回は100gでつくる手軽なレシピを紹介している。

撮影／五十嵐公

〈福島県〉

三五八《さごはち》漬け

福島の家庭では、初夏になると蒸した米と米麹の漬け床で、きゅうりやなす、にんじんなどの野菜を漬けた三五八漬けが頻繁に食卓に並びます。名前の由来は、漬け床に使う塩と麹、米の容量が3：5：8になっていることから。野菜を漬けると、翌朝にはできあがります。とれたての夏野菜に塩けとご飯、麹の甘味がしみこみ、えもいわれぬ味わいです。

福島では昔から1年を通してさまざまな漬物をつくってきました。秋口から冬にかけては、たくあん漬けや味噌漬け、白菜漬け、大きめに切った大根を麹に漬けたなた漬けなど、長期保存ができる塩けの強い漬物をつくります。一方、三五八漬けは、夏場、次々とれる夏野菜をすぐに食べられる漬物です。農作業でたくさん汗をかいた後には、ちょうどいい塩分補給にもなりました。最近では市販の漬け床を使う家庭がほとんどですが、床から手づくりすると甘さや塩加減を好みで調節することができます。

協力＝菅野ときい、菅野和典
著作委員＝會田久仁子

撮影／長野陽一

＜材料＞ つくりやすい分量

漬け床
- 米…360g
- 米麹…1kg
- あら塩…500g

野菜（きゅうり、なす、にんじん、だいこん、かぶなど好みのもの）…適量

◎もともとは塩、麹、米の容量が3：5：8になっていたが、家庭によってその分量は異なる。今回は麹が多く塩が控えめの甘めのレシピになっている。

＜つくり方＞

1. 漬け床をつくる。米を洗い、一晩水につける。
2. 蒸し器で米を約15分蒸す。ややかためくらいがちょうどよい。
3. 2が人肌に冷めたらボウルに移し、麹を入れて混ぜ合わせ、塩を加えてさらに混ぜ合せる。半分はポリ袋などに入れて冷蔵庫で保管し、漬け床の追加用に使う。
4. 漬物をつくる。3の半分を蓋つきの密閉容器かポリ袋、漬物用容器などに移す。その中に野菜を埋めて漬ける。野菜が大きい場合は、半分か四つ切りにする。漬け始めは床がややしっとりする程度に少量の水（分量外）を加えてもよい。
5. 一晩で漬け上がる。好みで2日くらい漬けておいてもよい。

◎何度か漬けていると、水が上がってくるので布巾やスポンジで水分をとり除き、3で残しておいた漬け床を少し足す。

旬野菜のぬか漬け

〈埼玉県〉

撮影／長野陽一

＜材料＞

【ぬか床】

約2kg（3～3.5ℓの容器1個分）

米ぬか…1kg
塩…130g（好みで増やす）
水…1ℓ（混ぜながら加減）

A
- 赤唐辛子…2本
- 昆布…5cmを3枚
- かつお節…6～8g
- 煮干し…5～6尾
- 干し椎茸…ひとつかみ

捨て漬け用の野菜…適量

にんじん、きゅうり、しまうりなど旬の野菜…適量

＜つくり方＞

1. 米ぬかと水をよく混ぜ、味噌状になるようにする。塩を加えて均一になるように混ぜたのち、Aを加えてよくかき回す。
2. 捨て漬けとしてキャベツの芯や大根の皮などを1に漬けこみ、熟成させる（ぬか床）。
3. 野菜を洗って水をきる。早く漬けたい場合は半分に切る。
4. 野菜を適量の塩（分量外）で塩もみし、ぬか床に漬けこむ。表面を平らにして漬かるのを待つ。

ぬか床の手入れ

常温の場合、1日1度はぬか床を底からかき混ぜる。水が出てきたら布巾で水を吸いとり、ぬかや塩を足す。少量の産膜酵母は混ぜても大丈夫だが、一定以上出た場合は周辺のぬかもとり出して捨てる。

米ぬかに塩、水を混ぜて発酵させたものを漬け床として、野菜を短期間漬けたものがぬか漬けで、独特の香りが特徴です。

聞き書きの調査地である加須市、埼玉県東部低地は利根川の中流域に位置し、年間を通じて野菜が多くとれるため、保存食の必要がない地域でした。昔から物資の流通もさかんだったので、冬季に保存を目的につくられる漬物は発達しなかったのです。その代わりによく食卓に出されたのは、旬の野菜を使ったぬか漬けです。野菜本来の味を楽しむ料理として、日常的に食べられていました。家庭の好みで、漬ける期間や漬ける野菜の種類の違いでバリエーションが出ます。

聞き書き調査では、ぬか漬けだけでなく旬の新鮮な野菜を味わう料理として、天ぷらや浅漬けなどもよく食べていたという話も出ました。ただ、海からは遠いので、魚の刺身などはあまり食べられず、ハレの日に食卓にあがっても子どもは食べないことが多く、大人の食べものとされたそうです。

協力＝落合美佐子　著作委員＝河村美穂

〈兵庫県〉

やたら漬け

料理名の由来はやたらに何でも漬けこむことから、とも、やたらにおいしいから、ともいわれます。このやたら漬けがつくられてきたのは、三方を1000m級の山々に囲まれた県西部の千種《ちくさ》町（現宍粟《しそう》市）の中でも一番奥まった山間部の西《にし》河内《ごうち》で、すぐ近くはスキー場です。雪深い冬を過ごすため、家々では漬物蔵に、収穫のたびに野菜をたっぷり漬けた漬物桶を、夏から順次用意します。囲炉裏やストーブの火で漬物を焼きながら食べる習慣があり、煮物やみかんも焼いて食べたそうです。

やたら漬けはしその実、みょうが、とうがらしの風味や辛みがきいて飽きのこない味です。夏野菜から冬野菜までのいろいろな野菜が楽しめる漬物で、大きな漬けもん鉢にたっぷり盛って提供します。昭和30年代にはカリフラワーの栽培が広がり、やたら漬けにもよく入れるようになりました。手がかかる漬物なので今ではつくる人も少なくなっており、昔ながらの手づくりの味は貴重です。

協力＝金本貞子　著作委員＝坂本薫

＜材料＞ 30ℓの桶1個分

【夏野菜】

きゅうり…5kg
なす…5kg
なすの色止め用ミョウバン
…なすの3%
錆びた釘…2〜3本
みょうが…2kg
しその実…500g
塩…各野菜の20%

【冬野菜】

大根…5kg
小菜*…5kg
塩…各野菜の2〜3%

ゆず…適量
赤唐辛子…適量

【調味液】（分量は目安）

酒…漬け野菜1kgあたり400mℓ
だし汁…漬け野菜1kgあたり400mℓ
塩…調味液の約10%（漬け野菜の味を見て加減する。また、冷凍保存する場合は塩分は少なくてよい）

*小菜（こな）とは、小松菜や野沢菜に似た地元の在来野菜。地小菜とも呼ばれている。

撮影／高木あつ子

＜つくり方＞

【夏野菜：8〜9月中旬】

1 みょうがを水洗いし、塩漬けにする。
2 きゅうりを水洗いし、漬物桶に敷き詰めるように並べ、ひと並べしては塩をふりを繰り返す。押し蓋をし、重しをし、水が上がったら漬け汁をいったん捨て、再度きゅうりの15%の塩（分量外）を足して、重めの重し（きゅうりの2倍）をして漬けこむ。
3 なすはヘタをとり、フォークで数カ所穴をあけてミョウバンを混ぜた塩をすりこむ。漬物桶の底に錆びた釘を入れて、塩とともに漬けこむ。水が上がってこない場合は、20%の塩水をなすが隠れるくらいまで注ぐ。
4 しその実はしごいて塩漬けにする。

【冬野菜：11月下旬以降】

1 小菜を水洗いし、水けをしっかりきって2cm程度に切る。塩をふって、3〜4日漬ける。
2 大根の皮をむき好みの大きさに切り小菜と同様に塩をふり3〜4日漬ける。これらはしんなりする程度でよい。

【仕上げ】

1 塩漬けにしたみょうが、しその実、きゅうりは水洗いしてキュッとしぼる。みょうがは四つ割り程度に切る。
2 きゅうりは輪切りにし、水を何度か換え、少し塩っぽいかな、という程度に塩抜きをする。
3 なすは小さく切り、食べてちょうどよい程度に塩抜きをする。
4 小菜、大根は、下漬けで出た水分をキュッとしぼる。
5 すべての下漬け野菜を混ぜ合わせ、ゆずの皮と唐辛子を刻んで加える。
6 最後に味をみながら調味液で味を調え、漬物桶に漬けこむ。数日後から食べられる。

＜材料＞ 4人分

れんこん…小1節（150g）
ごぼう…1/2本（100g）
白うり…1/2本（150g）
青ずいき（はすいも）…100g
かんぴょう…5本（20g）
きくらげ…2枚（20g）
昆布…10cm角2枚（20g）
塩…適量
あちゃら酢
- 酢…1カップ
- 砂糖…120g
- だし汁（昆布）…1/4カップ
- 赤唐辛子…1本

＜つくり方＞

1 赤唐辛子は種をとり輪切りにする。
2 鍋に酢、砂糖、だし汁を入れて火にかけ砂糖を溶かし、火を止めて1を加え冷ます（あちゃら酢）。
3 れんこんは皮をむき、3mm厚さの半月切りにして水にさらし、ゆでる。
4 ごぼうは皮をこそげて4cm長さに切り、太い部分は四つ割り、細い部分は二つ割りにして水にさらしゆでる。
5 白うりは縦半分に切って種をとり、薄切りにする。しんなりとなるまで塩もみし、水洗いして水けをしぼる。
6 青ずいきは手で皮をむき親指くらいの太さの4cm長さに切り、さっとゆでて水にとり水けをしぼる。
7 かんぴょうは塩もみして水洗いし、爪で押して形がつくまでゆで、水にとって水けをしぼり、5cm長さに切る。
8 きくらげはゆでて戻し、石づきをとり、ひと口大に切る。
9 昆布をぬれ布巾にはさんでやわらかくし、1cm幅に切り、結ぶ。
10 2のあちゃら酢に3〜9の材料を1時間以上漬けこむ。2日目がおいしい。

撮影／長野陽一

〈福岡県〉

あちゃら漬け

福岡の夏の料理で、とくに人が集まるお盆の時期につくられ、仏様にお供えしたりお盆参り客にふるまわれます。甘味と酸味、野菜の旨みと味のバランスがよいピクルス風の料理で、名前はポルトガル語で漬物を意味する「アチャール」に由来するとも、「あちら（外国）」がなまったともいわれます。

材料は歯ごたえのある夏野菜や乾物を、仏教にちなんだ縁起のよい奇数を用意します。白うり、れんこん、きくらげ、ごぼう、かんぴょう、ずいきなどの他、冬につくった干し大根や、収穫したかぼちゃをさっと油炒めして加えることもあります。別々に下ごしらえするので手間と時間がかかりますが、保存性がよいので夏の常備菜にもなります。

昔からお盆は、仏様にお供えする料理や来客の接待などで大変忙しく、女性たちは働きどおしです。8月15日の夕方、送り火で仏様が帰った後に集まって、棒だらの甘辛煮やあちゃら漬けを食べ、労をねぎらいました。

協力＝松隈紀生
著作委員＝宮原葉子

〈大分県〉
なばのからせ漬け

　きのこの辛子漬けのことを「なばのからせ漬け」と呼びます。使うきのこは何でもよいですが、大分では、家の近くの山で栽培している椎茸でつくることが多いです。干し椎茸を使うと一年中つくれるうえ、歯ごたえもよくなります。噛むと甘辛く煮た椎茸のうま味が広がり、辛子の辛みがあとをひきます。ご飯の供にもお茶うけにもなる保存食です。

　干し椎茸の生産量が日本一の大分県は面積の約70%が森林におおわれています。しいたけの種菌を植えつける「原木」に適したクヌギやナラの木もたくさんあり、これらの木を使って、江戸時代から椎茸栽培が行なわれてきました。木の伐採から種菌の植えつけ、伏せ込み（林など日光のあまり当たらない場所におく）、収穫までは2年ほどかかります。なばのからせ漬けは大分の風土が生んだ料理。下味をつけたきのこを辛子と麹の床に漬ける方法もありますが、今回は簡単に和えて味をなじませるレシピを紹介します。

協力＝荒巻ケサ子、末松恵美、岩野總子、堀田貴子　著作委員＝西澤千恵子

撮影／戸倉江里

＜材料＞　つくりやすい分量

干し椎茸（香信でもどんこでもよい）
…20枚（80g、戻して320〜360g）
醤油（甘口）…200mℓ
砂糖…200g
みりん…大さじ2
粉辛子…30g

＜つくり方＞

1 椎茸は一晩水で戻し、薄切りにする。
2 椎茸と醤油、砂糖、みりんを鍋に入れる。焦げないように注意しながら、水けがなくなるまで煮る。
3 適量の湯冷まし（分量外）で粉辛子を練り、**2**と混ぜ合わせる。すぐに食べることもできるが、半日〜1日おくと味がなじむ。

大分で栽培・乾燥されたどんこの干し椎茸。冬場に収穫され、肉厚なのが特徴。高価なものなので、家庭では香信椎茸を使うことが多い

地《ジー》漬《ジキ》〈沖縄県〉

地漬は、亜熱帯性の気候の中で、塩と黒糖で野菜を長期に保存できる沖縄の代表的な漬物です。主に茶うけとして、またおかずの一品として食べられてきました。地漬の歴史は古く、琉球王朝時代に中国からの使節をもてなした際の献立に「地漬大根」の記載があります。

地漬は、黒糖の甘みもある独特な味です。べっ甲色になった大根の地漬は、少し発酵して奈良漬けのような風味と旨みが出てきます。らっきょうやにんにくもよく地漬にされ、生のときの刺激がとれてまろやかになります。にんにくの地漬は、かぜをひいたときやスタミナをつけたいときにも食べられています。

地漬の漬け汁は残しておいて（親汁という）、次に漬けるときに使用し、その際の黒糖は最初よりも少ない約半量にして漬けるそうです。にんにくの地漬の汁は、調味料として料理に使うこともあり、ラフテー（豚の角煮）など、煮物の隠し味として入れるとコクがでておいしくなります。

協力＝大嶺育子
著作委員＝田原美和、森山克子、大城まみ

奥が大根、手前中央はにんにく、左右はらっきょう

撮影／長野陽一

【大根の地漬*】

＜材料＞ つくりやすい分量

大根…5kg
塩…500g
黒糖…2.5kg（ブロックの黒糖と粉黒糖を約半分ずつ入れる）

*らっきょうの地漬をつくる際の材料の割合は同じ。にんにくは味にくせがあるので、大根やらっきょうを漬けるときより砂糖の量を少し多めに入れた方がおいしい。

＜つくり方＞

【下漬け】

1 大根は丁寧に洗い20cm程度の長さに切り、縦半分に割る。
2 大根に塩をすりこみ容器に入れて重し（材料とほぼ同じ重量で、大根がつぶれない程度）をし、1日から2日漬けこむ。
3 大根をザルにあげ、水分をきる。

【本漬け】

4 大根の水分を丁寧にふき、清潔な本漬け用の蓋つき密閉容器に黒糖と交互に入れ、しっかりと蓋をして冷暗所で保存する。
5 泡が出たら粉黒糖を補充する。3〜4カ月頃から食べられる。半年過ぎた頃から味がしみておいしくなる。
6 1年漬けると大根はべっ甲色になり風味が増してくる。

〈青森県〉

しそ巻き梅干し

普通、梅干しはしょっぱいものですが、津軽では塩漬けして干した梅を甘く味つけ、赤じそでくるみ、甕《かめ》などに漬けて味をなじませてから食べます。適度な塩けと甘味、酸味が赤じその風味とよく合い、格別なおいしさです。ご飯と一緒にそのまま食べるだけでなく、刻んだものをご飯に混ぜておにぎりにすることもあります。

毎年、梅や赤じそがとれる7月中旬頃、梅を漬けはじめます。干し梅としそ漬けを別々に保存し、食べたいときにしそで巻いてつくる方法や、塩と砂糖の量を多くして1年分のしそ巻き梅干しをつくり、常温で保存しておく方法があります。しそと梅酢の香りが部屋中にたちこめるなか、母親が指先を真っ赤に染めながら丁寧に梅を包んでいたという人もいます。

しそ巻き梅干しに使われるのは、冷涼な気候で育つ杏《あんず》や、杏と梅が自然交雑してできた「豊後《ぶんご》梅」です。昔から津軽地方では「かぐじ（裏庭）」に豊後梅や杏などが植わっていました。

協力＝清野優美子、蒔苗りつ子
著作委員＝北山育子

＜材料＞ つくりやすい分量

【干し梅】30ℓの樽1個分

- 豊後梅（青梅）…10kg
- 塩…2kg

- 色づけ用の赤じそ…1kg
- 塩…50g

【しそ漬け】20ℓの樽1個分

赤じそ…300枚

＜1回目＞

- 塩…しその10％重量
- クエン酸…しその10％重量

＜2回目＞

- 塩…しその15〜20％重量
- クエン酸…しその10％重量

【しそ巻き梅干し】

干し梅…1kg

しそ漬け…300枚

- 水…500mℓ
- 砂糖…1kg
- 蜂蜜…大さじ2

＜つくり方＞

【干し梅】

1. 梅はよく洗い、一晩水につけてアクを抜く。
2. 樽にポリ袋を敷き、底にひとつかみの塩をふり、梅を1段並べたら塩をふるのを繰り返す。最後に多めの塩をふり、ポリ袋でおおい、押し蓋をして20kgの重しをする。4〜5日で水が上がってきたら、重しを軽くし、押し蓋に水がつかるくらいにする。
3. 10日ほどたったら洗った赤じそをボウルに入れ、塩をふり入れ、黒い汁が出るまでよくもみ、きつくしぼる。**2**の梅の上に広げ、さらに1週間ほど漬ける。
4. 梅をとり出し、種をとる。包丁で縦に切れ目を入れ、押し蓋を押しつけながら転がして梅を割り、種をとる。ザルに梅を並べ、1週間ほど日に当てる。夜は室内にとりこむ。途中で裏返し、かたくなるまで乾燥させる。

【しそ漬け】

1. 赤じそは30枚ずつ束ねて茎を糸で結ぶ。洗ったらザルにあげ30分ほど水けをきる。20ℓの樽にしそを1束ずつ入れ、1回目のクエン酸と塩を1/10量ずつふりかけるのを繰り返す。押し蓋をして、しそと同重量の重しをする。
2. 1〜2日で水が上がってきたら容器を傾けてとり除き、アクを抜く。2回目のクエン酸と塩をよく混ぜ、しその葉の間に注ぎ入れる。小さな葉ややぶけた葉などで上をおおい、しその半分重量の重しをする。常に漬け汁に浸っているようにする。

【しそ巻き梅干し】

1. 干し梅をぬるま湯で洗い、40分ほどぬるま湯に浸しておく。水が黄色くなって梅がふくらんできたら、ザルにあげてしっかりと水きりする。
2. 鍋に水、砂糖、蜂蜜を入れて火にかける。砂糖が溶けたら**1**を入れ、かき混ぜながら沸騰直前で火を止める。そのまま冷まして味をなじませる。
3. しそ漬けを20〜30分水につけ、好みの塩加減に塩抜きする。水けをきってまな板の上に広げ、**2**の梅をおき（写真①）、しその葉にしわがよらないように伸ばしながら、角をつくるようにきっちりと大きさをそろえて包む（写真②、③、④）。かめなどにすき間なくきっちりと並べ（写真⑤）、2〜3日そのままにして味をなじませる。冷蔵庫で10日間ほど保存可能。

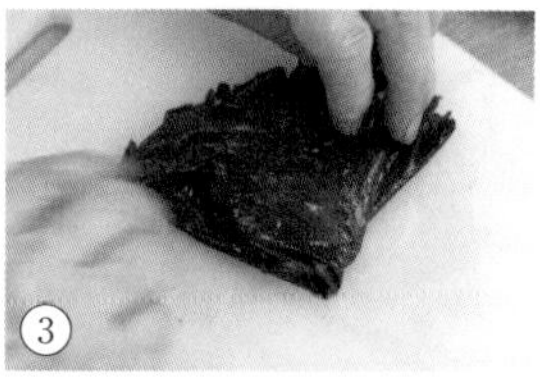

◎干し梅はザルなどに入れ風通しの良いところにおけば1年間保存可。しそ漬けは樽で2年間保存可。食べたくなったときに干し梅を煮てしそ漬けで巻き、しそ巻き梅干しにする。

撮影／五十嵐公

〈山梨県〉

甲州小梅漬け

梅漬けは県全域で食べられている山梨県の保存食の代表です。その歴史は古く、江戸時代の『和漢《わかん》三才図会《さんさいずえ》』の「甲斐の国土産」にも小梅が記されており、県内各地に古木が見られます。

昭和30年代にはどこの家でも庭先や屋敷周りに小梅の木が植えられ、青梅で梅漬けを、熟した梅で梅干しをつくりました。小梅は収穫後、急速に黄化・軟化するので、庭でとれた青梅ですぐ漬けるのは生活の知恵でもありました。独特のカリカリした食感を保つには、未熟な青梅を使い、塩が溶けるまでしっかりもみ込み、低温で保存するのがポイント。梅漬けの季節になると、スーパーには梅の硬度保持剤としてカルシウム塩が添加されたカリカリ梅の素が並びます。

梅漬けは朝のおめざやお茶うけ、日の丸弁当やおにぎりに使われ、また、夏のおなけえり(午前の軽い食事)やおようだけ(午後の軽い食事)にも食べました。酸っぱくさっぱりした梅漬けは、暑い夏の疲れをとり、食が進んだそうです。

協力＝ほたるみ館漬物班
著作委員＝松本美鈴

＜材料＞ 3ℓの保存容器1個分

甲州小梅*(青梅)…2kg
塩…200g(梅の10%)**
赤じそ…300〜400g(梅の15〜20%)
塩…30〜40g(しその10%)

*正式な品種名は「甲州最小」。実は5g程度。果肉が緻密で肉質がよいので梅漬けに適している。

**昔は梅の20%重量が一般的だったが、現在は冷蔵庫に保存するので10%と減塩傾向である。

＜つくり方＞

1 もぎたての梅を傷つけないように水で洗う。
2 たっぷりの水に一晩つけてアクを除き、水けをふく。
3 たらい状の容器に梅を入れて塩をふり、手のひらでやさしく塩をもみこむ。力を入れ過ぎて、塩の結晶で梅が傷つかないように注意。塩が完全に溶け、梅の青みが増すまで塩をもみこむのがポイント。
4 保存容器に、梅と、3の工程で出た水分をこして入れる。
5 梅の上に押し蓋をし、梅の1.5倍の重しをのせ、保存容器を紙などでおおい、冷蔵庫で保存。2〜3日で白梅酢が上がる。塩もみが不十分だったり、重しが軽過ぎたりすると、梅酢が上がるまでに時間がかかる。
6 赤じそは流水でもみ洗いする。
7 ボウルやすり鉢などに6のしそを入れて塩をふり、黒ずんだ泡のようなアクが出るまでよくもむ。しっかりしぼり、アクをとり除く。
8 ボウルに7のしそを入れ、上から5の白梅酢を玉じゃくし1杯程度加えてもみ、赤紫色に発色させる。
9 保存容器から梅と白梅酢をいったんとり出し、改めて容器に梅、ほぐした8のしそを順番に重ね、最後にしそをおき、梅酢を注ぐ。梅としそを順番に重ねると梅が均一に赤くなる。
10 押し蓋をして梅の半量の重しをのせ、冷蔵庫で保存。梅酢に梅がつかった状態では、重しを軽くしたほうが、形が丸みを帯びて歩留まりもよくふっくらする。
11 しそを加えてから1カ月ほどすると味も色もなじんで食べ頃。食べ終わるまで冷蔵庫で保存すると、カリカリした食感が保たれる。

撮影／高木あつ子

〈和歌山県〉

梅干し

和歌山は梅の生産量全国1位であり、県の中部から南部にかけての日高・西牟婁《にしむろ》地域では、果樹の栽培面積の約7割を梅が占めるほどです。梅干しは県内全域で家庭の保存食として欠かせません。聞き書き調査では、どこの家でも梅干しと味噌は手づくりしていました。梅干しづくりで出てくる梅酢も野菜の梅酢漬けに使ったり、梅酢で魚を洗って臭みをとったりして利用します。梅酒や梅ジュースもよくつくられています。

塩漬けした梅を干し上げただけの白干し梅干しをつくることが多いのですが、1カ月ほど漬けたものと1年ほど漬けたものでは、色や酸味のバランスが異なり、それぞれの時期で異なる味わいを楽しめます。赤じそと梅酢で漬けこんだ梅干し漬けもつくられています。

梅干しの漬け方は、各家庭で伝えられており、北部の那賀では、昔は母がカタカナで広告の裏に梅の漬け方、だし汁のとり方を書いて柱に貼っていたので、それを見て覚えたといった話もありました。

協力＝津軽貞子　著作委員＝橘ゆかり

撮影／高木あつ子

＜材料＞ 20ℓの容器1個分

完熟梅…4kg
塩…800g

＜つくり方＞

【塩漬け】

1 完熟した黄色い梅を水洗いし、水けを布巾でしっかりふきとる。なり口のホシ（軸、ヘタ）が残っていたら竹串などでとり除く。

2 焼酎（分量外）をふりかけて殺菌した容器に、1と塩を交互に入れていく。

3 容器にラップで軽く蓋をして2ℓのペットボトルを重しにして漬ける。

4 数日たつと、水（梅酢）が上がってくる。1カ月程度たち、梅の色が変わってきたら天日干しする。

【天日干し】

5 梅雨があけた土用近くの晴天が続きそうな日を選んで干す。梅の皮を破らないように、手袋をして1つずつザルに並べる。雨が降ったら、ザルのまま、屋内の窓際におく。日中は日当たりの良い場所におき、夜もそのままか、屋内に入れてもよい。

6 2〜3日して片面が塩をふいて乾燥してきたら、裏返す。梅干しが温まると皮が破れやすいので、朝の涼しい時間に裏返す。さらに3〜4日干す。

7 容器に食品用のポリ袋を入れ、梅を保存する。1カ月ほどで食べられる。熟成中は底の方からやわらかくなる。

◎この白干し梅干しに、塩もみしたしそと梅酢を混ぜて漬けてもよい。

漬物にする梅

梅は花を楽しむ花梅と、花梅から実が大きくて
おいしいものを選抜した実梅《みうめ》があります。
あんずと交雑したり品種改良されたしてして
大きさもいろいろあり、品種によって
梅漬け、梅干し、梅酒など加工の仕方も違います。

撮影／赤松富仁

小梅《こうめ》

10g以下。
実は小さく5月下旬から収穫が始まる。

織姫《おりひめ》

群馬県でおもに栽培される。完熟したものは梅干しに向く。

竜峡小梅《りゅうきょうこうめ》

長野県下伊那地方で選抜され、栽培もさかん。青梅はカリカリ漬けにする。

中梅《ちゅううめ》

10〜25g。
実は中くらい。収穫は6月。

十郎《じゅうろう》

神奈川県小田原市で育種。果肉が厚く皮は薄い。おもに梅干しにする。

稲積《いなづみ》

富山県氷見市稲積地区で見つかった品種。果肉、皮が厚い。

大梅《おおうめ》

25g以上の大粒。
収穫は6〜7月。

南高《なんこう》

和歌山県南部（みなべ）高校の教師らが調査選抜した。果肉が厚く梅干しに向く。

玉梅《たまうめ》

花梅としても親しまれ「青軸」とも呼ばれる。梅酒、梅干しにする。

白加賀《しろかが》

江戸時代からある品種。全国各地で栽培され、群馬県の生産量が多い。

あんず梅

あんずとの雑種

果実は大きい。
6月下旬から収穫。

梅郷《ばいごう》

東京都青梅市原産。果汁率が高く、梅酒に適しているといわれる。

豊後梅《ぶんごうめ》

大分県発祥だが、耐寒性が高いので東北地方で栽培されている。

〈高知県〉

豆腐の梅酢漬け

県中西部の四万十川《しまんとがわ》上流域の津野山郷（旧東津野村と梼原町）に伝わる保存食です。四国山地の急峻な山々に抱かれたこの地では、自給自足の生活が基本で、豆腐も各家でつくっていました。大豆は貴重だったため、豆腐はいつも食べられるものではなく、正月や神祭《じんさい》（神社のお祭り）、お盆などに食べるハレの日のごちそうでした。

豆腐はそのまま食べたり、煮しめや白和え、田楽にしました。梅酢漬けもこうした豆腐料理のひとつです。水分をよくきり、表面を焼いてから梅酢に漬けることで豆腐を長く楽しめます。土佐の豆腐はかたいのが特徴で、豆腐の角で頭を打ってけがをしたという笑い話もあるほどです。それをさらに梅酢に漬けてあるので、豆腐とは思えないしっかりとした食感で、梅酢の酸味と濃厚な大豆の味が合わさり、チーズのよう。赤い梅酢で染まった表面の紫がかったピンク色と中の白い色のコントラストも鮮やかで、皿鉢《さわち》料理（宴会の大皿料理）の彩りにしても喜ばれました。

協力＝野村豊喜、前田綾子、岩目博子
著作委員＝小西文子、五藤泰子

撮影／長野陽一

<材料>　つくりやすい分量

豆腐*…1丁（500g）
赤梅酢…400mℓ

*豆腐はかためのものを使う。

<つくり方>

1 豆腐は4等分に切る。
2 豆腐をそれぞれペーパータオルで包む。冷蔵庫に入れて一晩おき、水をきる。水きり前の90%重量になればよい。
3 ホットプレートの設定を保温にし、その上に豆腐をおく。焦がさないようひっくり返しながら薄茶色に色づくまで押さえながら焼く。フライパンやオーブントースターで焼いてもよい。
4 平らな器にとり出して冷ましてから、深めの密閉容器に豆腐を入れ、豆腐がつかる程度の梅酢を入れる。3日間ほど漬け、赤く色づいたらできあがり。とり出して5〜8㎜ほどにスライスして盛りつける。

◎梅酢はもう1度使える。2回目の梅酢は豆腐の水分で薄まっているので、4日間漬ける。

〈北海道〉

にしん漬け

大根、にんじん、キャベツなどの野菜と身欠きにしんに麹を加えて低温下で発酵させた、北海道定番の漬物です。にしんのうま味と麹の甘味、ほどよい酸味はクセになる味で、正月にはざく切り野菜と黒いにしんを入れたどんぶりが、他の料理とともに食卓に並びます。

北海道は初冬から春まで雪におおわれます。昔は長い冬を健康に過ごすために、いかにして野菜を貯蔵して食べるかを工夫して暮らしてきました。秋になると越冬野菜を大量に買いこみ、土中に埋めたり台所の床下に設けたムロに貯蔵します。また、氷点下20℃になる寒さ厳しい冬の支度として、凍りにくく、凍ってもおいしく食べられる漬物がつくられました。

にしん漬け用のキャベツは通常の1・5～2倍の大きさで、葉っぱの巻きが多く、包丁を入れると自然に割れます。大量の野菜は家族総出で洗って切って仕込みました。今でもできあがると近所で食べ比べをしたり兄弟親戚に送ったり、人と人をつないでいます。

協力＝本間房子、秋本コウ、田中恵美子、濱村明美　著作委員＝木下教子、伊木亜子

撮影／高木あつ子

＜材料＞ 一斗樽（18ℓ）1個分

身欠きニシン（本乾）…500g
大根…10kg
キャベツ、白菜…各5kg
にんじん…1kg
しょうが…200～250g
赤唐辛子…2～3本
米麹…300～400g
塩…600g

＜つくり方＞

1 身欠きニシンを一晩、米のとぎ汁でうるかして（浸して）やわらかくする。両面をきれいに洗い、ウロコをとり3cm長さに切りそろえ、酒少々（分量外）をふりかける。
2 大根は厚めに皮をむき、縦四つ割りにして回し切り、キャベツと白菜は3cm幅のざく切り、にんじん、しょうがはせん切り、赤唐辛子は種をとって輪切りにする。
3 ボウルに米麹を入れ、ひたひたのぬるま湯で戻しておく。
4 大きなボウルに1～3の材料、塩を入れ、手でよく混ぜ合わせる。
5 20～30分おいて野菜がしんなりしたら、もう一度混ぜてから汁ごと樽に詰める。
6 手でよく押して中の空気を抜き、押し蓋と中身重量（約23kg）の1～2倍の重しをのせる。
7 数日後、水が上がったら重しを半分にする。上がった水は捨てない。
8 1週間から10日して野菜に塩味がしみ、樽の上まで水が上がったらできあがり。

◎分量が多いときは、材料を等分にして混ぜ合わせ、そのつど樽にきっちりと詰めていく。

〈北海道〉

松前漬け

　昆布とするめを細切りにして醤油たれに漬けこんだ松前漬けは、松前の各家庭で一年中つくられます。昆布は、松前地方特産の「ホソメ」と呼ばれるものです。町の施設には松前漬け用の裁断機があり、正月が近づくと家庭ごとにホソメと新物のするめを持って切りに行きます。正月以降に食べる分もふくめ1年分を切るので、12月の施設は大にぎわいだそうです。

　もともと松前漬けは数の子を入れてつくり、正月のごちそうとして食べられました。にしん漁がさかんな頃は大量にとれた数の子を干し数の子にしており、これを水で戻して昆布、するめと漬けてうま味を吸わせたそうです。この頃の松前漬けは塩味だったといわれています。その後数の子が貴重になり、昆布とするめでつくるようになったそうです。現在は、春は姫竹、夏はつぶ（つぶ貝）と旬の食材を入れる家庭もあり、味つけも薄味に調整し、保存食というより箸休めとして広く好まれています。

協力＝秋本コウ、瀬川留美子
著作委員＝佐藤恵、伊木亜子

撮影／高木あつ子

＜材料＞ 4人分

するめ（足を除く）…100g
細目昆布*…50g
赤唐辛子…少々
醤油…大さじ3
酒…大さじ1
みりん…大さじ1
だし汁（かつお節）…100〜180mℓ

*幅が細く、粘りが強い昆布。

松前では、するめと細目昆布は裁断機を使って細く切る

＜つくり方＞

1 するめは軟骨を除いて横に3等分し、調理用ばさみでなるべく細く切る。
2 昆布はするめの長さに合わせて切り、繊維の方向にせん切りにする。
3 赤唐辛子は種を除いて輪切りにする。
4 調味料とだし汁を合わせて一度沸騰させ、冷ます。
5 4にすべての材料を入れ、ひたひたの状態にして1日に何度かよくかき混ぜる。一晩たつと汁が少なくなり、食べられる。

◎昆布は霧吹きで湿らせ、上に水を入れたバットなどをのせてのばしてから切るとよい。

◎するめや昆布の塩味を考慮し、だし汁を加減して薄味に調整する。

◎冷蔵庫に入れて10日ほどで食べきる。

〈宮城県〉

茎わかめの漬物

千島海流と日本海流、対馬海流の三つの海流が流れこむ三陸沿岸は、水温や水流など、わかめの生育に適した環境がそろっており、昔から養殖がさかんな地域です。山々の雪解け水が注ぐ海は栄養分も豊富で、歯ごたえのよい、香り豊かなわかめが育ちます。

出荷されるのは主にわかめの葉の部分です。地域の人たちは残った根(めかぶ)や茎も工夫しながら家庭料理にとり入れてきました。南三陸町の志津川《しづがわ》地域で食べられている茎わかめの漬物もそのひとつです。新鮮な茎わかめをさっとゆがいてから調味液に漬けると、わかめの葉とは違うコリコリとした食感が楽しめます。収穫するのは2月下旬から3月。この時期ならではの漬物で、副菜やお茶うけとして広く親しまれています。

他にも、つるつるぬるぬるとしためかぶは包丁でたたいて「めかぶとろろ」に、葉は熱湯につけてしゃぶしゃぶにと産地ならではのわかめの楽しみ方があります。

協力＝三浦さき子、西城良子、菅原悦子
著作委員＝濟渡久美

撮影／高木あつ子

＜材料＞ 4人分

わかめの茎…200g
にんじん…1/4本(40g)
しょうが…1かけ(25g)
みりん、醤油…各大さじ2

＜つくり方＞

1 わかめの茎は茶褐色から緑色に変わるまでゆでる。色止めとえぐみを除くため、さっと水にさらしてザルにあげ、水けをきる。5mm厚さで斜め切りにする。
2 にんじん、しょうがはせん切りにする。
3 みりんを煮切り、醤油を入れる。
4 1と2を密閉容器かチャックつきのポリ袋に入れ、3を加えてよくからめる。一晩冷蔵庫におくと味がなじむ。

とれたてのわかめ。茎、めかぶ、葉の部分を合わせて2mほどの長さがある

生わかめの葉のしゃぶしゃぶは時期限定の味。熱湯につけると茶色みがかった葉がきれいな緑色に変わる。酢醤油につけて食べる

撮影／長野陽一

<材料>　つくりやすい分量

するめ…大1枚
酒…大さじ5
にんじん…3本（500g）
塩…小さじ2
ザラメ…大さじ2
醤油…大さじ5

<つくり方>

1　するめは縦に2等分してから、繊維にそってハサミで細く切り、酒に30分ほどつける。
2　にんじんはするめと同じくらいの長さのせん切りにする。塩をまぶして30分おき、水分が出たら水で洗い、しっかりと水けをきる。
3　1でするめをつけておいた酒とザラメ、醤油を鍋に入れて沸騰させる。
4　するめとにんじんをチャックつきのポリ袋に入れる。3が人肌くらいになったら加える。熱いうちにかけると、するめが縮んでしまう。空気を抜いて冷暗所に半日以上おく。2〜3日以内で食べきる。

◎1日以上漬けると、より味がしみこんでおいしくなる。

〈福島県〉

いかにんじん

県北地域や中通り、会津など県内各地で広く食べられている家庭料理で、松前漬け（p77）のルーツともいわれています。基本はせん切りにしたにんじんと細切りのするめを醤油味の調味液に漬けるシンプルなものですが、しょうがや昆布、ひじき、白ごまなどを加えたり、砂糖を入れなかったりと各家庭でさまざまなつくり方があります。鮮やかな色合いのいかにんじんは正月に欠かせない料理で、以前は年末になると大勢で食べられるよう、甕《かめ》や洗面器で一度にたくさん漬ける人もいました。

げそは太くて食べにくいため使わないので、子どもたちはげそをもらってはあぶっておやつに食べていたという話があります。漬けてから数日おくとにんじんにするめのだしと醤油がしみて、しみじみとしたおいしさになります。にんじんのこりこり感としんなりしたするめの食感もよく、正月以外にもお茶うけや酒のつまみ、弁当のおかず、ご飯のお供などさまざまな場面で食べます。

協力＝渡邉くに子
著作委員＝中村恵子

にしんずし

〈福井県〉

にしんと大根を麹で漬けこんだ、旨みの深い保存食で、江戸時代からつくれらてきたと伝えられています。にしんは、昔は大量に水揚げされた貴重なたんぱく源であり、麹と漬けることで野菜に旨みやコクを与えました。かつては夏もきゅうり、なす、うりなどと一緒に漬けたにしんずしをつくりましたが、最近では気温が高く発酵が早いので腐った感じになることがあり、夏場はあまりつくらなくなりました。

県南部の小浜市では正月料理として12月から2月にかけて食べます。敦賀市では秋の敦賀祭り（氣比神宮例祭）や正月料理に欠かせない料理であり、ほぼ一年中食べます。海から離れた県北の大野市では「さけのすし」、永平寺町では「鮎の麹ずし」を同様の漬物としてつくります。雪の多い山間地帯の冬のごちそうで、正月に食べました。勝山市では入手しやすいにしんで「にしん大根」をつくり、日常的に食卓に上げました。

協力＝宮本成子、宮本絵美
著作委員＝佐藤真実、岸松静代

＜材料＞ 一斗樽（18ℓ）1個分

大根…2本（約2.4kg）
にんじん…2本（約300g）
塩漬け用塩…大根・にんじんの3％（約80g）
身欠きニシン…500g
┌ 米麹…500g
│ にんじん…80g（1/2本）
└ 赤唐辛子…2～3本
みりん…1/2カップ
醤油…1/2カップ
酒…1/2カップ

＜つくり方＞

1 大根はしんなりと曲がるほど約3日間干してから、にんじんとともに塩漬けする（約3日間）。
2 ニシンはひとつまみほどのぬかを入れたひたひたの水に一晩つけてやわらかくする。ウロコをとり、きれいにぬかを洗い落として頭と尾を切り落とす。
3 1の大根は長さ10cm、四つ割りくらいのぶつ切り。にんじんは長さ6cm、四つ割りくらいのぶつ切りにする。
4 麹と小口切りした唐辛子と厚さ7mmの斜め切りにしたにんじんを混ぜておく。
5 樽の底に4を薄く敷き（写真①）、3の野菜とニシンを半々くらいに並べ、4をふる（写真②）。1段ごとに手で押さえてならす。
6 2段目からは野菜の上にニシン、ニシンの上に野菜が交互にのるように並べる（写真③）。4をふる（写真④）。これを繰り返し、いちばん上の段は残った野菜と4でおおう（写真⑤）。
7 みりん、醤油、酒を合わせて樽の上から流し入れ（写真⑥）、押し蓋をして重しをする（写真⑦）。重しは材料の約2倍重量（6～7.5kg）にする。
8 ほこりが入らないようにおおい（写真⑧）、冷暗所で保存する。食べ頃は3～4週間たった頃。ニシンをあげる前に、桶を傾けて中の汁を他の容器にうつしてから重しをはずしてとり出す。残ったら再び押し蓋と重しをしてから汁を戻す。食べる期間は時期にもよるが、冬場でおおいを開けてから1カ月が目安。
9 食べやすい大きさに切って供する。

◎汁につかった状態でとり出すと保存性が悪くなる。

撮影／長野陽一

〈新潟県〉

きっこうし漬け

「きっこうし」とは中越地区の方言で切ってぼっこす（壊す）という意味の「きっこす＝乱切りにする、なた切り」から来ています。大根はよく味がしみるように、わざと不ぞろいに、なたの刃を斜めに半分ほど入れてから手首を返して切りました。「ねせ麹」は水分の少ない甘酒のもとのような感じで濃厚で、じっくり漬けることで、べったら漬けのような甘味が生まれます。雪深い魚沼地域の長くて厳しい冬場には欠かせない漬物で、冬のごっつお（ごちそう）の代表格。正月の酒の肴にもなくてはならない一品です。冬場に動物性たんぱく質と野菜を食べるための保存食といえるでしょう。

きっこうし漬けは11月の声を聞いてからつくります。それより前は大根自体がおいしくないので、うまく漬かりません。雪の下に埋もれる直前に掘り起こした大根やにんじん、白菜は甘さが増してみずみずしいため、きっこうし漬けのおいしさに欠かせないパリっとした食感が出ます。

協力＝宮沢さく、関タカ子
著作委員＝伊藤知子、松田トミ子

撮影／高木あつ子

<材料> 4人分

身欠きニシン（本乾）…3本（120g）
数の子…100g
大根…1/2本（500g）
にんじん…1本（120g）
糸うり（金糸うり）…1/8個（125g）
白菜…2枚（200g）
塩…大さじ1と2/3
ねせ麹*
　ご飯…200g
　麹…200g

*市販の米麹の甘酒400gでもよい

<つくり方>

【前日の準備】

1 ねせ麹をつくる。やわらかめに炊いたご飯（米容量の2倍程度の水加減）に麹を混ぜ、60℃に保ち一晩ねかせる。炊飯器を用いる場合は保温の状態にし、釜にぬれ布巾をかぶせる。蓋が軽く閉まるように上から押さえておく。途中、ときどきかき混ぜる。
2 身欠きニシンは、米のとぎ汁に一晩つけて戻す。
3 数の子は塩少々（分量外）入れた水に一晩浸し、かすかに塩味が残る程度まで塩出しする。
4 大根は包丁の角でひっかいて、大きめの乱切りにする。にんじんは大根の大きさに合わせた、薄めの乱切りにする。白菜は2～3cmのそぎ切りにする。
5 糸うりは両端を2cmくらい切り落とし、胴の部分を3～4等分に輪切りし、スプーンなどを使って種とその周りのワタをとる。沸騰したたっぷりの湯で15～20分ゆでる。シャキシャキの食感が残るように、ゆですぎに注意する。すぐ冷水にとり、粗熱がとれたらフォークでほぐして、ザルにあげる。
6 野菜を合わせて塩をふり、軽く重し（材料の重さの半分程度）をして一晩おく。

【当日の作業】

7 ニシンをきれいに洗い、2cmくらいのそぎ切りにする。
8 数の子は薄皮を除き、細かくほぐす。
9 野菜は水けを軽くしぼる。
10 野菜、ニシン、数の子とねせ麹を混ぜ合わせ、軽く重しをし、密閉容器に入れて、涼しいところに保存する。漬けこんで2～3日すると食べられるが、1週間ほどがいちばんおいしい。

佃煮

冬は新のりの季節。春を告げるあさりやいかなご。初夏の里山では山椒、川や湖では小鮎やわかさぎがとれます。こうした旬の食材がもつ独特の香りや旨みを長く楽しめるよう、濃い味で煮しめたのが佃煮。昔から「ご飯の供」として食卓に欠かせない保存食です。

〈秋田県〉

わかさぎの佃煮

かつて八郎潟《はちろうがた》は琵琶湖に続く、日本で2番目の面積を誇る汽水湖で、漁獲量も豊富でした。よくとれる小魚は新鮮なうちにも食べましたが、塩辛や佃煮にして保存もしました。八郎潟町に嫁いだ方から当時の食事をうかがうと、白飯、味噌汁、雑魚《ざっこ》の煮つけ、おひたしが食卓を飾り、甘辛に仕上げた潟の小魚の唐揚げが得意料理だったといいます。冬は具だくさんの野菜と魚(ふな、わかさぎ、鯉、ごり、ぼらなど)を入れた貝焼《かや》き、ハタハタ漬け、ハタハタずしをよくつくり、肉料理を食べた記憶はほとんどないそうです。畑で野菜を育て、自家栽培していない食料品は一日市《ひといち》町へ歩いて買い物に行きました。

それが、昭和32年から始まった八郎潟の干拓に伴い、数多く生息していた魚は減少し、水産物を売り歩く行商人もほとんど見られなくなり、暮らしも大きく変化しました。魚種や漁獲量も減り、今は地元の加工業者のつくるものを購入することが多いですが、家庭でも好みの味つけで調理しています。

協力＝青山トキ子、北嶋セイ子、畠山恵子、櫻田千鶴子　著作委員＝大野智子

撮影／高木あつ子

<材料> つくりやすい分量

ワカサギ…1kg
酒…300mℓ
醤油…300～400mℓ
ザラメ…400～500g
赤唐辛子(輪切り)…少々

<つくり方>

1 ワカサギはザルにあけ、水をさっとかける。水をきり、さらにペーパータオルで水けをふきとっておく。
2 調味料、赤唐辛子を鍋に入れ、ワカサギを加える。中火にかけて約2時間煮る。その後、弱火で10～15分煮て仕上げる。

◎好みで山椒やしょうがを加えてもよい。

撮影／五十嵐公

<材料> つくりやすい分量

山椒の葉*…500g
塩…大さじ1強
酒…大さじ1

*雄の木の花も一緒に摘んで煮るとよい。

<つくり方>

1 山椒の葉は、やわらかいものを摘む。ビニールシートなどに重ならないように広げて虫やゴミを除く。
2 熱湯に山椒の葉を入れ、さっとゆでこぼす。ザルに上げて、かたい軸などを除き、しぼる。この状態で冷凍しておくこともできる。
3 塩と酒を加えてから炒りし、途中、かたさと味をみてちょうどよければできあがり。かたいときは、蓋をして蒸し煮状態にし、やわらかくなったらから炒りして仕上げる。

〈栃木県〉

山椒の葉の佃煮

春、山に入ると、大きな木の陰にある山椒の若芽（葉）が目に飛びこんできます。この香りのよい若芽をそのまま煮た、春の香りと味わいを感じられる箸休めです。醤油で味をつけることもありますが、塩と酒だけでつくると山椒の香りそのものが楽しめます。

日光市の今市《いまいち》地区は標高500〜700mに位置し、山椒に適した成長・落葉期があり、葉も実も風味絶佳となります。現在、日光市内ではいたるところで山椒が栽培出荷され、また家庭では山椒の煮物はお土産として、ご飯の供として親しまれています。

山椒の木には棘《とげ》があるので、若芽を摘む作業は一苦労です。さらにゴミや枝を除いたりと1日がかりの作業になります。近頃では山椒の若芽を摘む人が少なくなり、いつの間にか葉がかたくなってしまいます。そうなる前に摘んで、下ゆでして保存しておくことが大事です。昔は塩漬けなどで保存したようですが、今は冷凍できるので、いつでもできたてが楽しめます。

協力＝加藤ステ、加藤すみ子、仁村さち子
著作委員＝名倉秀子、藤田睦

〈千葉県〉

あさりの佃煮

東京湾の最奥部、江戸川を隔てて東京都と接する市川市行徳《ぎょうとく》は、江戸時代には塩田が設置され、水上交通の要所でもありました。川と海に囲まれて環境がよく、のり、あさりがよくとれました。むきみ屋さんがあったり、あさりの串焼きも売っていたそうです。道路脇に貝殻の道ができるほど、あさりを食べていました。

とれたてのあさりは、あさりご飯、味噌汁、酒蒸し、かき揚げなどにして食卓に並びました。甘辛くてプリッとした身がおいしい佃煮はつくりおきができるので、大鍋でたくさんつくり、忙しい昼食などはこれでさっとすませていました。

今では海が埋め立てられ住宅街になり、近くに東京ディズニーリゾートもできて、かつての面影はありません。聞き書き調査では昔のあさりは、大きな身でプリプリしていて、だし汁がよく出ておいしかったそうですが、昔ほどはとれなくなりました。それでも、このあたりでは今も春先になると出盛りのあさりをよく食べています。

協力＝田島美知子、熱田恵子
著作委員＝梶谷節子、渡邊智子

撮影／高木あつ子

＜材料＞ 4人分

アサリ（むきみ）…280g
水…2/3カップ
酒…大さじ3
砂糖…大さじ3
みりん…大さじ2
醤油…大さじ2
しょうが…1/2かけ

＜つくり方＞

1 しょうがは細切りにする。
2 鍋にアサリと水を入れ、ひと煮立ちしたら、調味料としょうがを入れ落とし蓋をして中火で8〜10分煮る。
3 煮詰めすぎないように、味見して、ふっくらした状態のうちに火を止める。

◎貝殻つきの生のアサリを使う場合は、約700gを水からゆでて、貝が開いたら身をはずして用いる。ゆで汁はよいだしが出ているので水の代わりに使う。

〈東京都〉
のりの佃煮

東京湾ののりは「浅草のり」が知られていますが、大田区大森海岸でも昭和30年初め頃まで養殖場がありました。11月頃になると収穫が始まり、この時期に収穫された新のりは色、香りもよく、おつかいものとされました。初冬から冬にかけて収穫が続き、2月末頃には最盛期も過ぎ、町全体がなんとなく静かになったといいます。今でも大森海岸にはのり問屋や佃煮屋が多く当時の名残があります。

昭和30年代の朝食は、必ずというほど焼きのりが食卓に並んでいたそうです。現在のような焼きのりではなく、乾しのりを家庭で焼いたものです。乾しのりは1帖を二つ折りにして真ん中に紙の帯が巻いてあり、食べる枚数だけをそのつど、ガスの弱い火で遠火の状態であぶります。真っ黒いのりが緑がかった色に変わり、のりの焼いたよい香りがしました。パンのときはトーストにバターを塗り、焼きのりをのせます。湿気ってしまった乾しのりは、佃煮にしておいしく食べました。

協力＝鈴木栄子、青木由佳
著作委員＝成田亮子、加藤和子

撮影／長野陽一

<材料> 4人分

- 焼きのり…3枚
- 水…大さじ4

醤油…大さじ2
砂糖…小さじ1
みりん…小さじ1
水…大さじ5

<つくり方>

1 焼きのりを細かくちぎり、大さじ4の水につけてふやかす。ふやけが足りないときは水をたす。
2 かたまりがないように箸などでほぐす。
3 調味料と大さじ5の水を加え、へらで混ぜながら弱火で水分がなくなるまで煮つめる。

◎最初にのりを水でふやかしてほぐさないと、かたまった状態の佃煮になる。

〈滋賀県〉
小鮎の山椒煮

県内各地には湖魚《こぎょ》を煮つけて食べる習慣が根づいています。湖魚にはイサザ、モロコ、ゴリなどさまざまな魚がいますが、よく食べられているのが小鮎です。小鮎とは琵琶湖内で育った鮎のこと。普通、川で育った鮎は成長して20㎝ほどになりますが、小鮎は成長しても10㎝ほどの大きさで、煮ると骨までやわらかく、丸ごと食べられます。

6、7月になると、小鮎がたくさんとれ、山椒の葉や実も収穫期になるので山椒煮にします。実を入れるか葉を入れるか、家庭により異なりますが、山椒により魚臭さが消え、小鮎のうま味とピリッとした辛味が味わえます。

滋賀県は湖魚の販売ルートが発達しており、湖から離れた地域でも朝とれたばかりの鮮魚をその日のうちに買うことができます。12月以降に孵化《ふか》したばかりの鮎の稚魚「氷魚《ひうお》」は釜揚げにして酢醤油や酢味噌で食べ、小鮎は山椒煮以外にも天ぷらや南蛮漬け、塩焼きやなれずしなどにし、さまざまな調理方法で楽しみます。

協力＝橋本きくえ、駒井敏子
著作委員＝石井裕子

撮影／長野陽一

＜材料＞ 4人分

小アユ…200g
山椒の実…8g
醤油…大さじ2と1/4
砂糖…大さじ3
酒…大さじ2弱
みりん…大さじ3/4
梅干し…1個（8g）

＜つくり方＞

1. 小アユと山椒はそれぞれ洗って水けをきる。
2. 鍋に醤油、砂糖、酒を入れて、強火にかける。
3. 沸騰したら、一度に温度が下がりすぎないよう小アユをパラパラと数匹ずつ入れる。かき混ぜると魚がくずれるのでかき混ぜない。
4. 再度煮汁が沸騰したら弱火にし、梅干しと山椒を加えて落とし蓋をして30分ほど煮る。
5. 煮汁がなくなりそうになったら、みりんを加える。みりんがまんべんなく行き渡るように鍋をゆっくり回し、つやが出るまで炊く。梅干しはとり出す。

琵琶湖でとれた小アユ

撮影／高木あつ子

＜材料＞ つくりやすい分量

山椒の実*…15g
ちりめんじゃこ…100g
うす口醤油…大さじ1/2
たまり醤油…大さじ1/2
酒…大さじ1/2
みりん…大さじ1/2
水…50mℓ

*春のやわらかい実を採取する。

＜つくり方＞

1 山椒の実は塩少々（分量外）を加えた熱湯にさっとくぐらせる。この状態で冷凍しておくこともできる。
2 鍋に調味料と水を入れ、火にかけひと煮立ちさせる。
3 ちりめんじゃこを加えたら弱火にし、焦がさないように菜箸でかき混ぜながら、調味液が七分通りなくなるまで煮る。
4 山椒の実を加えて、汁けがなくなるまで煮る。

〈京都府〉

ちりめん山椒

京都でも新鮮な魚が手に入りにくかった地域の家庭では、小さないわしの丸干し、身欠きにしん、干し鱈、じゃこなどの干し魚を常備していました。この料理はじゃこと、どこの庭にもあった山椒の実を煮て、じゃこの臭みを除いた保存食です。春、たけのこの季節には山椒の葉を合わせ、その後に出てくる実で、じゃこを炊きます。京都には多くの有名なちりめん山椒屋さんがありますが、それぞれ店独特の味があります。ある業者の話では、現在使われているじゃこは漁獲される中で最小のものを入手し、山椒は実がつきだして1週間程度の小さい実を収穫してもらい、冷凍保存して使っているそうです。

冷蔵庫がなかった頃の家庭では、今よりも大きな2～3㎝くらいのじゃこに、醤油で煮た山椒の実を加え、煮て味つけをしたものが、ビンに詰めておいてありました。子どもが夕飯まで待てないときに、ご飯とちりめん山椒をとり出し、辛い山椒をよけながら、空腹を満たしたものです。

協力＝山田熙子
著作委員＝米田泰子、桐村ます美

〈兵庫県〉

いかなごのくぎ煮

兵庫県の瀬戸内沿いの春の風物詩です。いかなごは「玉筋魚」と書きますが、地元では「春告魚」とも書きます。スズキ目イカナゴ科の魚で、かますに似ているのでかますごと呼ばれることもあり、関東ではこうなご(小女子)と呼ばれます。

毎年2月下旬頃から4月頃にかけていかなご漁が行なわれ、新子と呼ばれるその年に生まれた稚魚は、多くはくぎ煮に使われます。

獲れたての新鮮ないかなごを甘辛く煮ると、煮上がった姿が折れ曲がった古釘に似るため「くぎ煮」と呼ばれます。これはいかなごの身が瞬間的にしまった証拠で、鮮度がよいほど、腹も割れず頭も欠けずにきれいな曲線に仕上がります。

早朝に水揚げされたいかなごはすぐせりにかけられ、昼頃には店頭に並びます。すると新鮮ないかなごを求めて人々が列をつくります。遠方へ送ったり近所で交換し合うため、一度に1kg以上を大きな鍋で炊くので、3月の午後、明石近郊では、家々からいかなごを炊く甘辛いにおいが漂ってきます。

協力＝杉原千代子　著作委員＝中谷梢

<材料> つくりやすい分量

イカナゴ…1kg
醤油…1カップ
ザラメ…280g
みりん…100mℓ*
酒**…50mℓ
水あめ…大さじ1
しょうが…80g

*イカナゴが若く小さい場合は、みりん150mℓにし、酒は入れない。

**入れなくてもよい、入れると少しやわらかくなる。

<つくり方>

1 イカナゴは流水で洗い、ザルに上げて水けをきる。
2 大鍋に醤油から水あめまでの調味料を入れて煮立てる。
3 沸騰状態を保ちながら、イカナゴと、皮をむいてせん切りにしたしょうがをパラパラとくっつかないように少しずつふり入れる(写真①)。5〜6回程度に分けて入れる。
4 穴をあけたアルミホイルで落とし蓋をし、中火程度で沸騰状態を保ちながら煮る(写真②、③)。イカナゴがくずれるので菜箸やへらでかき混ぜることは決してしない。
5 鍋底の煮汁が少なくなり、大きな泡が出てきたら手早く鍋返しを2〜3回行ない(写真④)、全体に煮汁がからまるようにし、煮上げる。
6 ザルにあげ(写真⑤)、扇風機かうちわで送風し急冷する。

生後1年以上の成魚をふるせ(古背)と呼ぶ。刺身、酢じめ、くぎ煮、から揚げなどなんでもおいしい。素焼きはフライパンや七輪で焼くだけだが、余分な脂が落ちて香ばしい

くぎ煮には好みで炒っておいた白ごま、実山椒や鷹の爪、くるみなどを加えてもよい。新子は他に釜揚げにして酢醤油やポン酢で食べてもあっさりしておいしい

撮影／高木あつ子

〈兵庫県〉

山椒の佃煮

丹波には黒豆や栗など多くの名産がありますが山椒も有名で、丹波の大名たちは丹波焼きの山椒壺に生の山椒や塩漬けを詰めて将軍家へ献上したそうです。このあたりでは、江戸時代から県北部の但馬《たじま》（養父《やぶ》市）の棘《とげ》がなく実が大粒の朝倉山椒を導入して、栽培が広がりました。江戸時代中期の百科事典『和漢三才図会《わかんさんさいずえ》』などで、すでに丹波の名産とされています。

家々の庭先に5〜6本ある山椒の実がほどよい大きさになると、近所同士で手伝って収穫します。実だけを手でしごくようにして摘みとり、すぐにゆがいて冷凍保存します。

山椒の佃煮のつくり方もこの50年ほどの間に変化しました。かつては濃口醤油と酒だけで炊き、はっきりした味つけで色も黒かったそうです。それが砂糖やみりん、蜂蜜、だし汁も加えるなど、少々薄味になり甘味も加わってきました。醤油もうす口醤油や、もっと色の淡い白醤油などを使うと実の色も残り、うぐいす色に仕上がります。

協力＝大木智津子、つたの会、尾松美鳥
著作委員＝本多佐知子

手前／山椒の佃煮　左／木の芽の佃煮
奥のビン／山椒の醤油漬け

撮影／高木あつ子

＜材料＞ 約260mℓ分

山椒の実…150g
うす口醤油…150mℓ
みりん…80mℓ

＜つくり方＞

1 山椒の実をきれいに掃除して洗い、鍋にたっぷりの水を入れてゆでる。沸騰してから約30分ゆがく。
2 水けをきり、約6時間水にさらしておく。
3 ザルにあげて水けをきり、さらに布巾やペーパータオルで水けをとる。この段階で小分けして冷凍し、つくりたいときに炊けば、炊いたものを冷凍しておくよりもおいしい。
4 山椒の実と調味料を合わせて火にかける。沸騰したら蓋をとり、とろ火でじっくりと炊く。ときどき箸で混ぜる。約20分で汁けがなくなればできあがり。冷蔵庫で1カ月は保存できる。

◎甘めが好みなら、砂糖大さじ1または蜂蜜大さじ2を加えてもよい。

◎だし用パックに入れたかつお節を加えて煮てもよい。

◎木の芽の佃煮は、若い木の芽を刻んでゆでて水にさらし、フードプロセッサーでペースト状にする。ペースト100gあたり醤油100mℓとみりん50mℓを加えてとろ火で煮る。冷や奴や焼き魚に添えてもおいしい。

◎山椒の醤油漬けは、実山椒を指でつまんでつぶれる程度にゆで、水けを拭きひたひたの醤油に約10日間漬ける(この醤油は調味料になる)。一度ザルにあげて、ひたひたの色の淡い醤油とだしなど好みの漬け汁に約1カ月漬けときどき混ぜる。ご飯にのせたり煮物に入れたりする。

〈鹿児島県〉

こぼっさき

薩摩半島の西南端にある坊津《ぼうのつ》町で受け継がれてきた伝統的な保存食です。地元の人が発音すると「こぶっさっ」「こぶっしゃ」「こぶっしゃき」になります。かつおを炭火で焼いてから醤油と砂糖で何時間も煮る、時間と手間のかかる料理で、ハレの日には家長の嫁がひとりでつくるものでした。十分に火を入れているので、かつおの角煮より身がしまり、旨みが凝縮されています。正月や花見、運動会などのハレの日には欠かせず、日常食にもなりました。

約30年前に途絶えましたが、坊津はもともとかつお遠洋漁業の町で、かつお節製造がさかんでした。「魚といえばかつお」で白身の魚に比べて食べる機会が多く、各家庭にある外流しで、漁師が丸のまま持ち帰ったかつおをさばきました。節同様、こぼっさきには脂がそれほど多くないかつおが適しています。坊津では季節ごとに漁場を変えて節をつくるかつおを漁獲するので、こぼっさきの材料も一年中手に入りました。

協力＝佐藤ミス、佐藤眞洋、宮田勝英、田中積　著作委員＝大富潤、大富あき子

撮影／長野陽一

＜材料＞　カツオ1尾分

カツオ…1尾（3kg）
酒…2合
醤油…2合
砂糖…150g
しょうが…少々

＜つくり方＞

1. カツオを三枚におろし、皮つきのまま、雄節（背中側の身）は拍子木切りに、雌節（腹側の身）は三角に切る。焼いて煮ると2/3ほどに縮むので、2〜3cmの厚さで大きめに切る。
2. 焦げ目がつくまで炭火で焼く。このとき、全部の面に焦げ目がつくように転がしたり、立てて焼く。三角の切り身は焼きにくいが、すべての面を焼く。
3. 鍋に酒、醤油、砂糖を煮立て、しょうがを加え、焼き上がったものから鍋に入れて弱火で煮る。2時間煮たら火を止め、そのまま冷ます。
4. 翌日さらに2時間煮る。

坊津は古くから貿易の拠点として栄えた。現在は沿岸漁業が中心

〈茨城県〉
川魚の佃煮と煮干し

県南の土浦市、かすみがうら市、行方《なめがた》市、潮来《いたこ》市などは佃煮が特産で、霞ケ浦北浦でとれる小魚を使う加工業者が多くあります。この地域では、江戸時代末期から水産加工が始まり、当時は煮干しが主流でしたが、明治初期に東京から製法が導入されて佃煮がつくられるようになりました。

煮干しというと、だしをとる煮干しを想像しますが、ここでいうのは小魚を塩水でゆでて干したものです。そのままで、また醤油をかけて食べます。わかさぎの煮干しは天ぷら、から揚げ、フライに、白魚の煮干しは吸い物、卵とじ、天ぷら、炊きこみご飯に使われます。またゆでた川えびは「釜あげえび」と呼び、そのまま食べたり、揚げ物や煮物、炊き込みご飯にしたりします。

わかさぎの旬は、夏。煮干しは常温でおけるほど、塩がきいているのが特徴で、新盆には、お茶菓子に出されるそうです。佃煮は今も朝食に必ず出され、スーパーに佃煮売り場が常設されるほど、身近なものです。

協力＝戸田廣、宮﨑厚子
著作委員＝吉田恵子、飯村裕子、野口元子

昔は家庭でも煮干しをつくっていたが、今は佃煮も含め、専門の加工業者がつくる。写真は佃煮づくりの工程。あがったばかりのわかさぎはすぐに加工する

塩ゆでしたわかさぎは、天日干しして水分を飛ばす。昔は塩分が20%になるまで乾燥させたが、今は5%。わかさぎの煮干しは塩がよくきいて、身はやわらかく、そのまま食べられる

手前からわかさぎの煮干し、白魚の煮干しと佃煮、川えびの佃煮

下／れんこん畑の向こうに見えるのが霞ケ浦北浦。日本で2番目に大きい湖で、周辺はれんこんの産地でもある

加工前のわかさぎ（右）と白魚。霞ケ浦北浦の漁獲量はピーク時の1万7487ｔ（昭和53年）から、882ｔ（平成28年）と大幅に減少しているが、都道府県別にはわかさぎは全国4位、白魚は2位、えび類は1位と上位を占め、そのほとんどが霞ケ浦北浦産

撮影／五十嵐公

味噌・なめ味噌

本書では、味噌はじっくりねかせる熟成味噌と比較的早くできる白味噌、えんどう豆や麦麹でつくる味噌を紹介します。なめ味噌には、麹を使い発酵させたものと味噌に旬の食材を加えたものがあります。お茶うけや酒の肴としたり、ご飯や野菜につけて食べます。

〈山梨県〉

三年味噌

麦麹と米麹を使い、2年ねかせて3年目から食べる味噌で、独特のうま味と甘味があります。つくっている富士山麓の山中湖村は水はけがよい土地で、標高が高く寒冷で稲作に向いていませんが、味噌にはおもに米麹が使われていました。その昔はとうもろこしの麹でもつくったといいます。今は甘味を増やすために麦麹を加えており、このように米と麦の麹を使った味噌を三年味噌と呼び、場所によっては、甲州味噌とも呼ばれています。

昔は、味噌は自家製が当たり前で、共同でつくられていましたが、最近はつくる家が少なくなりました。四斗樽では多くて使い切れないという声も聞かれます。ただ、長池地区では3月の彼岸を避けた時期に、今も味噌小屋を建てて共同の釜やカマドを使い、地区の人たちで味噌をつくっています。三年味噌は普段の味噌汁、ほうとうなどの味噌煮こみには欠かせません。また、うどんに入れる辛味噌や山椒味噌にも使われています。

協力＝羽田正江、羽田義寿、羽田ミネ子、天野憲治・幸枝、羽田洋一　著作委員＝阿部芳子

＜材料＞ 四斗樽1個分

青肌大豆…16kg
米麹…15kg
麦麹…5kg
塩…11kg
重し用*
- おから…7kg
- 塩…3kg

*おからと塩を混ぜて、ポリ袋に入れて口をひもでしばり、重しとする。おからは密封性を高め、塩は防腐効果を高める。

＜つくり方＞

1 **【1日目】**午前10時過ぎから大豆を一昼夜水に浸漬する。

2 **【2日目】**午前6時半頃から、浸漬した大豆をかまどで午後3〜4時まで（8〜9時間）煮る。その後、木蓋をして蒸らす。大豆を煮るときは、決してかき混ぜない。豆がくだけて焦げやすくなるため。

3 **【3日目】**午前7時頃にかまどに火入れする（写真①）。再沸騰したら、大豆をザルにあげて水けをきる（写真②、③）。ミートチョッパーにかけてつぶす（写真④）。煮汁はとっておく。

4 つぶした大豆に塩を加え（写真⑤）、3の煮汁を10ℓくらい加え、ミンサーなどで5〜10分攪拌して均一にする。

5 1時間放置して人肌ぐらいになるまで冷まし、米麹と麦麹を加えてミンサーで30分ほど攪拌して均一にする（写真⑥）。かたかったら残りの煮汁を加える。

6 ポリ袋を入れた樽に空気が入らないようにすき間なく詰める（写真⑦）。表面をさらしや手ぬぐいなどの布でおおい、一晩おく。

7 **【4日目】**翌朝、ポリ袋をかぶせて、その上に密封するようにおからと塩の重しをのせる。（写真⑧）。木蓋をして2年ねかせる。

何軒か分の味噌を一緒につくるので、簡易な味噌小屋を建ててかまどをつくり、そこで大豆を煮る

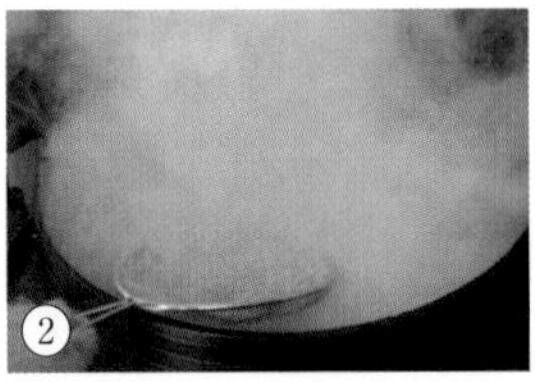

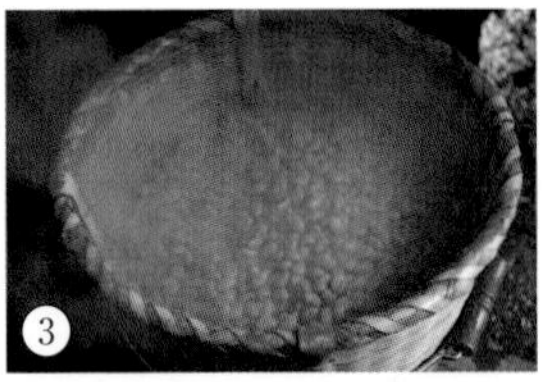

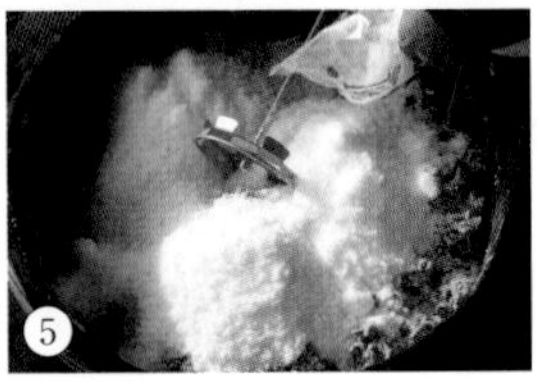

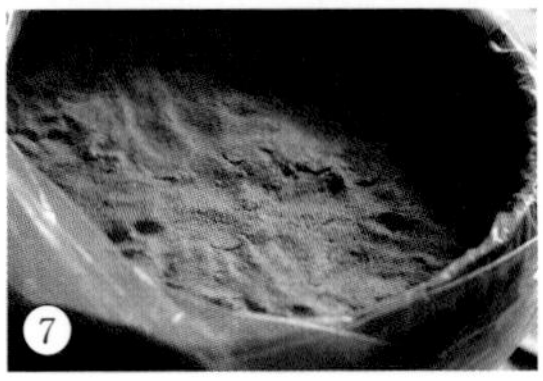

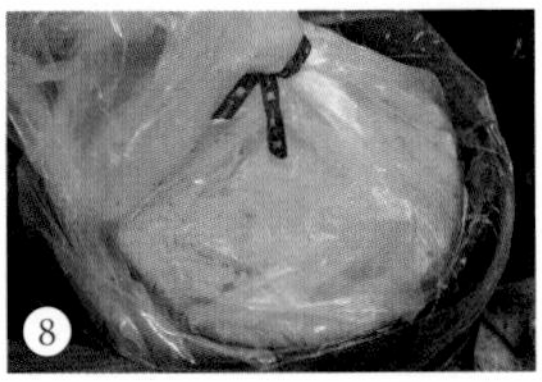

撮影／高木あつ子

〈奈良県〉えんどう味噌

えんどう味噌は、豆に甘味があり、麹を多く使うことから、大豆の味噌のような辛さがなく、まったりした味わいです。県中西部の葛《かつら》城《ぎ》地域では水田裏作として裸麦や小麦のほか、野菜、豆類も多く栽培され、どの家にもえんどう用の畑がありました。えんどうは野菜豆として自家用、出荷用とするほか、麦の秋（6月）が終わった頃には味噌をつくりました。半年熟成させ、正月の雑煮から使い始めたそうです。12月頃には米味噌を仕込み、2種類の味噌を使い回しました。

えんどうはさやが黄色くなるところを見はからってとり、パリパリになるまで太陽にあてたのちに実をとり出します。聞き書きをした方の家では、色のきれいなおいしい味噌をつくるため、お金はかかっても必ず新しい種豆を購入していたそうです。自家採取の豆で栽培していると豆の皮の筋が黒くなり味噌の色が黒っぽくなるからです。秋祭りで食べるエソは、えんどう味噌に漬けこんで焼いたものが父親の大好物だったそうです。

協力＝木村匡子
著作委員＝志垣瞳、三浦さつき

撮影／五十嵐公

<材料> 30ℓの樽1個分

えんどう豆（乾燥）…5kg
水…6ℓ
米麹…10kg
塩…2.25kg

味噌に使う、乾燥したえんどう豆

<つくり方>

1 えんどう豆はきれいに洗い、6ℓの水に一晩つける。
2 1を鍋に入れて火にかけ、沸騰したら弱火にし、指でつまんでつぶれるくらいやわらかくなるまで煮る。ザルにあげて煮汁をきる。煮汁は捨てない。
3 2をミンチの機械にかけてつぶす。つぶれた豆に2の煮汁を加えて耳たぶくらいのやわらかさに調整する。
4 人肌くらいに冷めたら米麹と塩（分量の9割）を加えてよく混ぜる。
5 両手でかたく丸め、ポリ袋を入れた味噌樽に1個ずつ「パン」と力いっぱい投げつけて空気を抜きながら、手で押して平らにならしていく。
6 味噌が全部入ったら表面をきれいに平らにし、残しておいた1割の塩を表面全体にふりかけて（塩座布団）、袋の空気を抜きながら口を閉じ、蓋をして3kgの重しをのせ、新聞紙などでおおって半年ほど熟成させる。

◎えんどう豆は、皮はかたいが、実はやわらかく煮えやすいため、煮過ぎると機械を通したとき皮が残る。豆を煮る際、指でつぶれる程度のかたさになっていれば皮ごときれいにつぶれる。

白味噌

〈香川県〉

香川県で味噌といえば白味噌。あんもち雑煮やぬた、てっぱい、白和えなど、県の代表的な料理には白味噌が多く使われています。秋に米を収穫後、蒸した大豆に多めの米麹とひかえめの塩を加えて仕込み、1〜2カ月の短期間熟成させ、冬場の調味料として使いました。昔は、夏まで持たせると発酵が進んで酸っぱくなるので、夏に食べる味噌はもっと塩分を多くして別に仕込んでいたそうです。米麹が多い白味噌は普通の味噌よりも甘く、塩が少ないため熟成も短く色も薄いのが特長です。古事記でも讃岐の国は飯《イイ》依《ヨリ》比《ヒ》古《コ》（穀物がたくさん集まるという意味）といわれるように昔から米どころで、米は豊富に使えました。

白味噌はどんな野菜にも使えて、焼き物や和え物にも欠かせませんでした。昔は麹屋で米麹を買い、臼で大豆をつぶしてつくったそうです。今はポリ袋などを活用して簡単につくれます。できあがり期間も短く、小分けして冷凍すれば味も変わらず年中使えるため、家庭で手軽にできる味噌といえます。

協力＝丸岡敦子　著作委員＝次田一代

撮影／高木あつ子

＜材料＞ 約2kg分

大豆…2.5合（450mℓ）
米麹…5合
塩…140g
人肌くらいの湯…200〜250mℓ

＜つくり方＞

1 大豆を水洗い後、大豆が十分につかるよう水を加えて吸水させる。浸漬時間は、春秋で8〜10時間、夏は6時間、冬は16時間程度が適当。
2 吸水させた大豆をやわらかくなるまで蒸し煮し、ポリ袋に入れて、袋の上からすりこ木棒や指で押さえて大豆をつぶす（写真①）。
3 大きめのボウルに米麹を入れて、両手のひらをこすり合わせるようにして米麹を細かくほぐす（写真②）。
4 3のほぐれた米麹に塩を加えてよく混ぜ合わせる。
5 4に2の大豆を入れてよく混ぜ合わせ、湯を加えてさらによく混ぜ合わせる。
6 ファスナーつきのポリ袋に、野球のボール大にかたくにぎった5を入れてすき間がないようにぎっしり詰める。このとき、できるだけ空気を抜く。
7 詰め終わったら表面を麺棒などで平らにのばし（写真③）、十分空気を抜いてからファスナーを閉じる。
8 ポリ袋の上から味噌をときどきもみ、室温で2週間〜1カ月放置する。

◎できあがった味噌をミートチョッパーにかけると粒をさらに小さくできる。

〈鹿児島県〉

麦味噌

鹿児島では、麦麹を使った麦味噌が広く使われています。麹歩合《こうじぶあい》(大豆に対する麹の割合)が高く熟成期間が短いので、甘口で淡色です。霧島・姶良《あいら》地域では現在も共同で、親戚や近所におすそ分けする分も含めて麹から手づくりする家庭が多く、他県から入った人はその様子に驚くそうです。地域のお年寄りは、「昔から味噌は1年分をつくるものだった」「焚《た》きもの(まきなどの燃料)と米、味噌、醤油、塩があればどんなことがあっても生きていけた」と、つねに蓄えておく大切さを話してくれます。

麦味噌は、はじめは麹の香りが強く、熟成が進むと味がおだやかでうま味が増し、色も赤くなります。5年もすれば黒くなるので、これは漬物やゆべし(お菓子)などに大切に使うそうです。仕込みは秋の彼岸が過ぎ涼しくなってから。現在は圧力釜などを使い時間に余裕があるので、味噌づくりの合間にみんなでふくれがし(黒糖入りの蒸し菓子)をつくったり、お茶を飲んだり、楽しく過ごします。

協力=竹下妙子、中條よし子
著作委員=福元耐子

<材料> 45ℓ分*

大豆…6kg
精麦(丸麦)…20kg
塩…5kg
種麹(河内菌KHS型黄麹味噌用)
…25g

*10ℓのかめ3個と15ℓのかめ1個に詰める。冷蔵するので小分けにする。

<つくり方>

【麦麹をつくる】

前日 麦を洗い一晩水に浸す。

1日目 麦を約1時間半蒸し、扇風機などを使って冷まし、種麹を混ぜる。木製のもろぶたに広げ、36〜38℃に調整し18〜20時間保温する。

2日目 できた麦麹を別容器に移し替えてほぐす。ここに塩を加え、手のひらでこすり合わせるようにして全体に塩をなじませる(麹の塩切り)。塩は7のふり塩用に1割程度残しておく。

【大豆を煮て、味噌を仕込む】

1 麦を蒸す日(1日目)。大豆をたっぷりの水で静かに7〜8回洗い一晩水に浸す。
2 翌日、大豆をつけ水ごと強火にかける。煮立ったら豆が踊らないぐらいの火加減で、アクをとりながら大豆がやわらかくなるまで煮る。
3 親指とくすり指でつまんで軽くつぶせる程度になったら、ザルにあげて水をきる。大きなバットに移し、温かいうちにマッシャーで八分程度つぶす。
4 塩切りした麦麹に3を加え、手でよく混ぜ合わせる(写真①)。
5 中の空気を押し出すように台に打ちつけながら丸めて、味噌玉をつくる(写真②)。
6 かめの内側に焼酎(分量外)をかけ、5をすき間のないように、こぶしで押しながら詰める(写真③)。
7 表面を平らにし、焼酎を薄く塗って残しておいた塩をふり(写真④)、ぴったりとラップをかぶせる(写真⑤)。
8 風通しのよい涼しい場所でねかせる。2〜3カ月で食べられる。5月以降は冷蔵庫に入れる。

奄美のなり味噌

奄美群島には米味噌、茶うけ味噌をつくる粒味噌、ソテツの実(なり)を入れたなり味噌がある。なり味噌は、ソテツの実と玄米で麹をつくり、ここにゆでてつぶした大豆を混ぜて熟成させる。ソテツの実にはでんぷんが多く、昔から救荒食物としても使われていた。

ソテツは殻を割って白い実をとり出し、有毒成分を除くため、何度も水を替えてさらす。日に干して粉にする

なり味噌。味噌汁や、粒味噌同様、豚肉を混ぜて豚味噌(p115)、魚を合わせ魚味噌などの茶うけ味噌にする

手前から反時計回りに1年もの、3年もの、5年ものの麦味噌

撮影／長野陽一

〈長崎県〉

ゆべし

壱岐は、長崎県北部に位置し、福岡県と対馬市の中間地点に浮かぶ離島です。ゆべしは庭先に植わっているゆずで昔からつくられています。ゆずの皮を佃煮風に煮た保存食あるいは調味料で、昔から各家庭の食卓に欠かせません。

つくるのはゆずが色づく11月頃。長く保存できるので、たくさんつくって年中食べます。よく練り上げるのがおいしくつくるコツです。ねっとりした食感で甘辛く、うま味とほろ苦いゆずの風味が広がります。唐辛子のピリッとした辛みが最後に残るのが特徴です。これをご飯や刺身、ふろふき大根につけたりします。味噌汁にもよく使い、ずっしりした壱州豆腐の湯豆腐に薬味としてつけたり、およごし（和え物）に入れたりすると、ゆずの風味でおいしさが増します。好みで唐辛子の量は加減し、昆布を入れることもあります。ゆずが足りないときはみかんの皮を使うこともあります。近年は若い人がつくらなくなっており、加工品が販売されています。

協力＝松熊節子（壱岐地区生活研究グループ連絡会）　著作委員＝石見百江、冨永美穂子

撮影／長野陽一

＜材料＞ 300g分

ゆず…1kg
醤油…300〜400mℓ（材料がつかるくらい）
砂糖…大さじ3
赤唐辛子…5本（好みで）
昆布…15g

＜つくり方＞

1 ゆずは皮をきれいに洗い、二つに割って果汁をしぼる。しぼったあと、皮から袋（じょうのう）をとり除く。果汁はほかの料理に使う。
2 皮の内側の白い部分は、苦味があるのでスプーンでこそぎとる。
3 皮を小口より薄く切り、水でサッと洗う。
4 皮を鍋に入れて、材料がつかるくらい醤油を入れる。
5 4に昆布を加えてとろ火で煮立て、沸騰したら昆布をとり出す。皮がやわらかくなり全体的にどろっとした状態になるまで煮る。
6 煮えたら砂糖を2〜3回に分けて加え、弱火でじっくり練り上げる。赤唐辛子は種を除いてみじん切りにし、好みの量を加える。

◎醤油の種類により、できあがりの色が変わる。うす口を使うと茶色、濃口を使うと黒っぽくなる。

◎ゆずの皮が足りないときはみかんの皮を代わりに使うとよい。

〈大分県〉
ゆずこしょう

九州では唐辛子のことをこしょうと呼びます。ゆずこしょうは夏から初秋にかけてとれる青ゆずと青唐辛子、塩でつくるシンプルな調味料です。以前は青ゆずの皮と青唐辛子をすりこぎでつぶしたりおろし金でおろしていましたが、今はフードプロセッサーを使います。家庭によってつぶし加減や塩の分量、仕込む量は違いますが、季節になるとどこの家でも必ずつくり、一年を通して使っています。味噌汁に入れたり、冷ややっこにつけたり、鍋やうどんの薬味にするとゆずと青唐辛子のさわやかな香り、辛味がアクセントになり、料理が一段とおいしくなります。

大分では昔から青ゆずはゆずこしょうにし、色づいて黄色くなった黄ゆずは果汁をしぼって酢の代わりにしたり、皮を砂糖で炊き上げゆず練りにしたりして活用してきました。最近では黄ゆずの皮と赤唐辛子を使った赤いゆずこしょうもつくられています。青ゆずのゆずこしょうに比べ、辛味が強いのが特徴です。

協力＝金丸佐佑子、木下美千代、窪田エツ子
著作委員＝山嵜かおり

撮影／戸倉江里

＜材料＞ 300mℓ分

ゆず（青ゆず）…5個（皮部分で100g）
青唐辛子…50〜100本（種とヘタを除いて100g）
塩…40g

＜つくり方＞

1 ゆずの皮は白いワタの部分を入れないよう薄くはぎ、粗く刻むかおろし金ですりおろす。
2 青唐辛子は種とヘタを除き、粗く刻む。
3 1の皮と2をフードプロセッサーにかけ、ペースト状にする。
4 3に塩を加える。
5 熱湯消毒したビンや密閉容器に移し、冷蔵庫で保存する。

◎唐辛子は、赤唐辛子を使ってもよいが、辛味が強いので、入れる分量を調節する。

〈和歌山県〉

金山寺味噌

米、麦、大豆の3種の麹をつくり、なす、うりなどの夏野菜とともに発酵・熟成させたなめ味噌です。甘味と塩味に麹や野菜の旨みが加わり、おかいさん(粥)につけるとそれだけで食がすすみます。じゃこに少し酢をたらし、金山寺味噌をつけて食べるとおいしいという人もいますし、きゅうりなど生野菜につける食べ方も好まれます。

和歌山県発祥の伝統的な保存食で、県中部の由良《ゆら》町にある興国寺の僧侶が中国から学んで日本に伝えたとされます。味つけや野菜の種類は家庭ごとのやり方が伝承されてきました。夏につくることが多く、麹を発酵させる部屋は、各家庭で25~30℃を保つことができる場所が決まっています。冬場の味噌づくりと並ぶ季節の保存食づくりです。かつてはくず米を使って2斗ほどもつくっていたという人もいます。

地域の野菜を使うので、和歌山市を中心とした海草《かいそう》地域では、特産の漬物用すいか「げんごべえすいか」も金山寺味噌に入れることがあります。

協力=津軽貞子　著作委員=橘ゆかり

<材料> 20ℓの保存容器1個分

米…3kg
丸麦…1.5kg
大豆…1.5kg
麹菌(種麹)…15g
三温糖…1kg
白ごま…1.5カップ
塩…490g
蜂蜜…100g
野菜…3.75kg
- 丸なす…1.5kg
- 白うり…1.5kg
- しょうが…560g
- 青じそ…190g

塩…260g(野菜の7%)

もろぶた(30×60cm) 4枚
半切(5升分) 1個

<つくり方>

【1日目】

1 米をよく洗って、たっぷりの水につける(夏期は6時間以上、冬期は一昼夜)。
2 1の米を蒸し器で2時間蒸す(蒸しすぎないように、火加減を調整する)。湯気が上がってきてから90分が目安。
3 米麹をおく部屋の温度を25~30℃に保っておく。2を半切にあけて、手早く茶碗3杯くらいをもろぶたにとり、37℃に冷まして麹菌をつける。残りの米も37℃に冷ます。
4 3の麹菌をつけた蒸し米を2等分する(米麹用と豆・麦麹用)。
5 3の残りの蒸し米が冷めたら、4の半分を全体に混ぜて、よくもみつける。
6 5をもろぶたにつめ、上に濡れ布巾をかぶせて、蓋をして布でくるみ、さらに毛布でくるんで25~30℃の部屋におく。
7 大豆はよく炒って、皮をとり、2カップの水(分量外)にふくませて冷蔵庫で保存する(ポリ袋に入れておくと、よくなじむ)。
8 丸麦をよく洗って、たっぷりの水につける(夏期は6時間以上、冬期は一昼夜)。

【2日目】

9 蒸し器に7の大豆を入れ、その上に8の麦をのせ、45分蒸す。
10 6の米をもみほぐす(床もみ)。
11 蒸した9を手早く37℃に冷まして、4の残り半分を全体にまぶす。もろぶた2枚に入れて25~30℃の部屋に積み重ねておく。6時間たったら、もろぶたを平らに並べ、新聞紙を蓋代わりにしておく。畳の上だと温度が低いので、台の上におくとよい(麦・豆麹)。
12 6の米を半切にあけ、1.4カップの水(分量外)をふり(水つけ)、よくもみつける(床もみ)。もろぶた2枚に入れ、濡れ布巾を米にかぶせ、新聞紙を蓋代わりにして平らに並べる(重ねると下のもろぶたの温度が上がりやすい)。布巾が乾いたら、よく濡らしてかぶせる(米麹)。
13 なす、うり、しょうが、しそはそれぞれ小さく切り、それぞれ別の容器で7%の塩を混ぜて漬ける(12時間)。

【3日目】

14 12の米麹、11の麦・豆麹ができあがったら、エアコンなどで室温を下げながらよくほぐして早く温度を下げる。
15 半切に14の米麹と麦・豆麹を入れて混ぜ、砂糖、ごま、塩、蜂蜜を入れて混ぜる。
16 13の野菜をかたくしぼって、15に入れてよくもみつける。
17 保存容器にポリ袋を入れ、その中に16を空気を抜きながら詰めていく。1kg程度の重しをのせる。1カ月ほど漬けると食べられる。3カ月頃がおいしい。

◎このレシピは県南西部の上富田町で教わったもの。

※3日間の作業時間イメージ
(大量につくり、暑くなる前の朝から作業するための目安)

1日目

午前8時	米を洗って、水につける。
午後2時	大豆は炒って、皮をむき水に浸しておく。
午後5時	米を蒸し、麹菌をつける。
午後8時	丸麦を洗って、水につける

2日目

午前7時	大豆と麦を一緒に蒸し、麹菌をつける。
午前9時	麹菌をつけた米を床(とこ)もみする。
午後2時	野菜を切り、塩漬けにする。
午後3時	米に水つけをして床もみする。麦と豆、米のもろぶたを平らに並べる。

3日目

午前7時30分	野菜をかたくしぼる。米麹、麦・豆麹を混ぜる。砂糖、塩、ごま、蜂蜜を入れて、野菜を混ぜ、よくもみつける。

撮影／高木あつ子

〈千葉県〉

なめ味噌麹

野菜と麦麹に食塩水を加えて発酵熟成させたものです。初めはかたい麦麹が1カ月ほどでやわらかくなり、しょっぱさにうま味が加わっておいしくなります。千葉は醤油の製法が和歌山から伝わるなど歴史的に縁が深いので、なめ味噌麹も金山寺味噌とつながりがあるのかもしれません。

秋、米の収穫期になると、麹製造所ではその時期にだけ麦麹をつくります。その麦麹で年に1度のなめ味噌麹づくりをしました。昔は物々交換で、新米を1升持って麹を買いに行きました。米麹も買って甘酒をつくったので、子どもはそちらの方が楽しみでしたが、大人になるとなめ味噌麹の複雑なおいしさがわかってきます。

なすの切り方や塩加減はいろいろで、砂糖やみりんを加える家もあります。行事の膳に入ることもあり、ご飯の供や箸休めとして食べられますが、お茶うけにもなります。今でも、農閑期に地域のおつかさん達がお茶を飲む人寄せの際に持ち寄ることがあるそうです。

協力＝椎津たまえ、熱田恵子
著作委員＝梶谷節子、渡邊智子

＜材料＞ 麦麹1枚で1回にできる分量

麦麹…1枚（950g）
塩…4/5カップ
湯冷まし…1カップ弱
┌なす…500g
│ミョウバン…少々
└塩…1/5カップ
しょうが…300g

＜つくり方＞

1 なすは、縦半分に切り一口大の乱切りにする。ミョウバンをふり、塩を加えて重し500g（なすと同重量）をのせて一晩押しておく。翌日出てきた水はしぼって捨てる。
2 しょうがは薄切りにする。
3 麦麹は手のひらでほぐして塩と湯冷ましを少しずつ加える。握って水けがにじむ程度になったら2〜3ℓの漬物用蓋つき容器に入れる。
4 しぼったなすとしょうがを**3**に加え混ぜ合わせ、平らにして空気に触れないようにラップを密着させる。押し蓋（平皿でも可）をのせ、500g〜1kgの重しをして冷暗所におく。
5 約2週間で水が上がってきたら、その水はこぼさず混ぜて戻す。再びラップをして重しをする。
6 3週間〜1カ月ほど押しておく。味見して「おいしい」と感じたら食べ頃。陽気が悪いと傷むので、暑い時季や冬でも暖房が効いた屋内では冷蔵庫の野菜室に入れるとよい。

◎好みでみょうが、きゅうり、青じその実などを入れてもよい。

撮影／高木あつ子

納豆味噌

〈長崎県〉

納豆味噌はいわゆる「納豆」ではなく、大豆と米と裸麦を発酵させたもろみ味噌にも似たもろみ納豆です。島原半島全域でつくられています。ルーツは諸説あり、島原の乱で原城に立てこもった天草四郎率いる一揆軍がつくったのが始まりという説、かつて島原では馬を育てる家が多く、馬へのミネラル分補給のためにもろみを食べさせていたという説もあります。また島原地方は昔から家庭で醤油をつくっていたので、その過程で出たもろみを食べやすくしたものが、納豆味噌になったのではないかともいわれています。

仕込むのは9月下旬で、正月前後から食べられますが、熟成がすむとあめ色になり、味がなじんでよりおいしくなります。熱々のご飯にのせる、生やゆでた野菜につける、また魚や肉にまぶしておいて焼くなど、あらゆる食材と相性抜群です。各家庭で1年分まとめてつくり、近所におすそ分けするほどなじみがあり、県内にも広く流通しています。

協力＝馬場節枝　著作委員＝石見百江、冨永美穗子、久木野睦子

撮影／長野陽一

<材料> 6型（6.5ℓ）の味噌容器4〜5個分

大豆…5kg
もち米…5kg
みそ麦（裸麦）…5kg
白味噌菌*…30g
野菜昆布**…500g
しょうが…3kg
調味料
- 塩…つくり方5の1升につき1合
- 水あめ（麦芽糖）…塩と同量

*白味噌用の種麹。地元のJAで9月頃から販売される。

**棹前昆布ともいう。九州・沖縄地方で消費が多いやわらかい昆布。

<つくり方>

1 大豆は炒って皮をとり、一晩水に浸漬する。
2 もち米、みそ麦は洗ってそれぞれ一晩水に浸漬する。
3 1、2をザルにあげ、それぞれ2〜3時間かけてせいろで蒸し上げる。
4 3を冷まして全体を混ぜ合わせ、白味噌菌をふり混ぜて保存容器に入れる。ポリフィルムをかぶせて軽く蓋をして常温で3日ねかせる。寒い日は毛布などで包む。
5 昆布はひたひたの水につけて戻し、せん切りにする。しょうがはせん切りにして昆布のつけ汁に入れる。汁ごと4と混ぜ合わせて容量を量る。
6 5に塩、水あめを混ぜ、容器に入れ、重しをして熟成させる。3カ月後から食べられるが、長くおくほどつやが出て味わい深くなる。好みで2〜3年おいてもよい。

〈熊本県〉

しょんしょん

しょんしょんは、麦麹と大豆麹、塩、あめ（大豆のゆで汁）、しょうがや昆布を合わせて発酵させたなめ味噌の一種です。最近は市販の麹を使うことが多くなりましたが、以前は10月頃に1年分の味噌を仕込む際に出るあめと自家製の麹を使ってつくっており、家々で味が違いました。甕《かめ》などに入れて保存しておき、少しずつ食卓に出してご飯にのせたり、きゅうりなどの野菜に少しからめて食べます。塩けだけでなく、発酵食独特のうま味があり、あめの甘味やしょうがのぴりっとした辛みも加わり、食欲がないときでもおいしく食べられます。

昔からしょんしょんがつくられてきた熊本市植木町は、畑作に向いた地域で、大豆や麦がよくとれました。醤油や味噌、しょんしょんに使う麹も、米ではなく大豆と麦です。以前は炒って皮をとった大豆と水につけておいた裸麦を蒸したものに菌をつけ、家々で麹をつくっていました。

協力＝石田敏代
著作委員＝川上育代

撮影／戸倉江里

<材料> つくりやすい分量

金山寺麹*…500g
大豆のゆで汁**（60℃程度）…1ℓ（麹の2倍重量）
塩…100〜120g（麹と煮汁の6.5〜8%重量）
昆布…10cm長さ
しょうが…1かけ（10g）

*炒った大麦、米、大豆に麹菌をつけて発酵させたもの。醤油の実（しょうゆのみ）麹ともいう。熊本のスーパーでは時期を問わず販売されている。以前は自家製の大豆麹と小麦麹を1:2で混ぜ合わせたものを使っていた。

**もともとは味噌づくりの過程で出る大豆を煮た汁を使っていた。煮豆などの際に出たゆで汁でもよい。湯でもできるが、ゆで汁を使うことで甘味やうま味が増す。

<つくり方>

1 ボウルに金山寺麹を入れる。
2 大豆のゆで汁と塩、細切りにした昆布、せん切りにしたしょうがを加え、かたまりができないように木べらでよく混ぜ合わせる。
3 容器に入れ、新聞紙などをかぶせて1日おく。容器と新聞紙の間に箸をはさみ、風通しをよくする。翌日、木べらでよく混ぜ合わせてできあがり。

◎昔のしょんしょんに比べ塩分濃度が低いので、できあがったら小分けにして冷凍庫に保存しておくとよい。

〈高知県〉

塩納豆

県中西部の佐川町《さかわちょう》には、納豆をつくり、塩納豆にして食べる、高知では珍しい習慣があります。冷蔵庫のない時代には、大豆を収穫する11月から3月のお彼岸までの冬場に限った保存食でした。塩納豆の起こりは、土佐藩初代藩主の山内一豊の時代にさかのぼるといわれています。当時、佐川町は山内家の筆頭家老で有力者の深尾氏の領地で、深尾氏の馬は庶民の口になかなか入らない貴重な大豆をゆでて与えられていました。それを馬番が少し盗んですりぬか(もみがら)の中に隠しておいたところ、納豆ができ、ねばねばとくっつかないように米ぬかをまぶして保管しておいたというのです。

塩納豆は、あたたかいご飯や火鉢で焼いたもちに添えたり、お茶漬けにしてよく食べたといいます。冬の食卓の常備菜で、酒のあてにもしたとか。新鮮な米ぬかを炒った香ばしさと塩けが後を引くおいしさです。もともとは納豆も手づくりでしたが、ここでは市販の納豆を使った方法を紹介します。

協力＝野波絹、佐川町生活改善グループ
著作委員＝福留奈美、野口元子

撮影／長野陽一

＜材料＞ つくりやすい分量

納豆　200g(約5パック)
あら塩…小さじ1
米ぬか…1/2カップ(約50g)

＜つくり方＞

1 納豆はボウルに入れ、塩をふって全体にいきわたるように混ぜる。

2 粘りが落ちつき、塩がなじむように30分ほどおく。

3 ふるいにかけた米ぬかをまぶし、大きな紙か布の上に広げ、涼しい場所で1〜2日間陰干しにする(写真①)。夏場は冷蔵庫でおおいをせずに干すとよい。周りが乾燥して、重ねても粒どうしがくっつかなくなったら、ポリ袋などに入れて冷蔵庫へ。この状態で1週間が保存の目安。

4 食べる前に炒る。雪平鍋を弱火にかけ、**3**の豆が重ならないくらいの量を入れる。鍋をゆすりながら香ばしい香りがするまで2〜3分ほど炒る。焦がさないように注意する。

◎塩納豆は炒りたてがおいしい。2〜3日中に食べきる。

①

以前はぬかをまぶした塩納豆は「そうけ」「はんぼ」と呼ばれる取っ手つきのカゴに入れ、風通しのよい納屋ののきにかけて保存していた

〈宮城県〉

しそ巻き

県北西部の大崎市や船形山系でつくられている、味噌あんを青じそでくるんで揚げた料理です。砂糖と小麦粉、ごまの入ったもっちりとした味噌あんと、カラッと揚がったしその葉の組み合わせがよく、老若男女を問わず好まれています。地域の特産である鬼ぐるみやえごまを入れても、コクや旨みが増しでおいしいです。揚げることで日持ちがよくなるため、一度にたくさんつくっておいて、お茶うけやご飯の供、酒の肴、子どものおやつなどさまざまな場面で食べられてきました。

宮城から遠く離れた静岡県西部にも、しその葉で味噌を包んだものに菜種油を塗って炭火で焼いた同様の料理があります。江戸時代、東海道の茶屋で売られていたこのしそ巻きが江戸を伝って伊達藩にも来て、味噌の生産がさかんだったこの地で根づいたのではないかともいわれています。熟成期間が長く、日持ちのする伊達藩の味噌は昔から「仙台味噌」と呼ばれて江戸でも親しまれていたそうです。

協力＝佐々木米子、佐々木厚
著作委員＝宮下ひろみ、高澤まき子

撮影／高木あつ子

＜材料＞ 60個分

仙台味噌（赤色辛口）…100g
砂糖…80〜100g
みりん…大さじ1弱（15mℓ）
白ごま（黒ごまでもよい）…10g
鬼ぐるみ…10〜20g
小麦粉…70〜80g
青じそ…60枚
揚げ油…適量
楊枝

＜つくり方＞

1 ごまはすり、くるみは炒って細かく刻む。
2 味噌、砂糖、みりん、ごま、くるみを鍋に入れて中火にかけ、練りまぜる。全体がまとまるくらいのかたさになるよう少しずつ小麦粉を入れてよく練る。
3 皿かバットにラップを敷いて平らにのばす。
4 3が冷めたら小指ほどの太さで、しそに収まる長さに切る。小さなへらで、すくいとりながらまとめてもよい。
5 しそはよく洗って水けをふきとる。裏を上にし、茎の向きと垂直になるように4をのせ、細長く巻く。
6 4〜5本ずつ平らに並べて楊枝に刺す。170℃の油に入れ、両面で30〜40秒揚げる。焦げないように注意する。

◎一味唐辛子や唐辛子を細かく刻んだものを入れてもよい。その場合は砂糖を控える。

◎炒ったえごまを入れてもよい。その場合は小麦粉のうち20gをすったえごま20gに替えて使う。

撮影／高木あつ子

<材料> つくりやすい分量

ふきのとう…25〜30個（300g）
味噌…100g
砂糖…80g
酒…30mℓ
ごま油…少々
七味唐辛子…少々
炒った鬼ぐるみ、白ごま（好みで）
…各適量

<つくり方>

1 ふきのとうは洗って30分以上水に浸してアクを抜く。熱湯でさっとゆでてザルにあげ、しっかり水けをきり、細かく刻む。
2 フライパンにごま油を熱し、ふきのとうを炒める。
3 味噌、砂糖、酒を加えて照りが出るまで練り上げ、七味唐辛子を入れる。好みで刻んだくるみやごまを混ぜる。

ばっけ味噌

〈宮城県〉

ばっけとは、東北や北海道の言葉でふきのとうを指します。県北部に位置する登《と》米《め》市では3月に入り雪が溶けてきた頃にようやくばっけが芽を出し始めます。花が咲く手前でとらないと、苦味も強くまずくなってしまうため、暖かくなり一気に花が咲き始める前に田んぼの畔や野山に出て摘みとります。ほろ苦く、香り豊かなばっけと自家製の味噌を合わせたばっけ味噌は春ならではの味。味噌は麹が多めで長く熟成させていないものがよく合います。昔は味噌の塩分濃度が高かったので、ばっけ味噌は保存がきくなめ味噌として毎日の食事に出したり、お客にふるまうこともありました。

ご飯にのせて食べる以外にも、焼きおにぎりや冷ややっこにつけたり、溶き卵にくわえて炒り卵にしてもおいしいです。独特の苦味が胃にもよいのか、食後にばっけ味噌をそのまま少し食べ、胃腸をすっきりさせていたという人もいました。

協力＝南部ひろみ、増子裕子
著作委員＝高澤まき子、矢島由佳

〈徳島県〉

ゆず味噌

徳島ではゆずは古くから親しまれてきた食材です。県南部の那賀《なか》町《ちょう》では、昭和35年に農業振興作物として生産が奨励される以前から各家庭の庭先には必ずゆずが植わっていました。標高が高く、冷涼で昼夜の寒暖差が大きいこの地域では鮮やかな黄色に色づいた香り高いゆずがとれます。秋になるとゆずをしぼってゆず酢を保存しておき、鍋のつけ汁やすし飯、魚の酢じめなどに使いました。

ゆず味噌は、ゆずをしぼるときに出た皮とゆず酢、味噌と砂糖で甘辛く練ったもの。素朴な味わいの田舎味噌にゆずの酸味と皮のほろ苦さが加わり、芳醇な甘辛味噌となります。ご飯はもちろん、焼きなすや「でこまわし(じゃがいもやそばだんごを串に刺して焼いたもの)」にもよく合います。

地域によっては、半分に切ったゆずの皮に味噌とゆず酢、砂糖を混ぜたものを詰めて焼いたり、いりこのだし汁やみりんを入れたりと、さまざまなゆず味噌のつくり方があります。

協力＝東岡敦子、猪岡朱美子、生田博子
著作委員＝川端紗也花

撮影／長野陽一

<材料> つくりやすい分量

ゆず…6個
ザラメ…250g
酒…50mℓ
味噌…500g

<つくり方>

1 ゆずは皮をむき、果汁をしぼる。皮は250g、果汁(ゆず酢)は1/4カップ使う。皮は一昼夜水にさらしてアクを抜く。
2 ゆず皮を5×20mmの短冊に切る。
3 ゆず皮とザラメを鍋に入れ、弱火～中火で香ばしいにおいが出るまで軽く炒り、酒を加える。
4 ザラメが溶けたら味噌を加え、焦がさないようときどき木べらでかき混ぜながら弱火で1時間ほど煮る。
5 照りが出て、とろみがついてきたらゆず酢を加えて練り上げる。

◎みりんやいりこのだし汁を加えて煮ることもある。

〈佐賀県〉

ふき味噌

春の訪れを最初に感じる料理です。ふきのとうは土の中から顔を出したくらいで摘んできてつくります。花が開く前のふきのとうは香りがよく苦味が少ないといわれています。まだ寒さの残る中、家族で家まわりや裏山で集めました。

ゆでずに、生のまま炒めて味噌と合わせると、香りや苦味が強く出て、大人向けの味になります。ゆでた方がまろやかですが、子どもはそれでも苦手にすることがありました。大人になるとともに、苦味を懐かしくおいしく感じるようになったそうです。

ご飯にのせたり、おにぎりの具にしますが、きゅうりや豆腐、ゆでた里芋にもつけて食べました。ふき味噌そのものが酒のつまみにもなりました。

焼き物の町の有田では、春はふき味噌をつくり、秋になると醤油をしぼった後のかす（とうこう）にしょうが、唐辛子、みかんの皮の干したものを加えて混ぜ合わせ、丸めて天日に干したものをごはんの供にしていたそうです。

協力＝二宮辰子、松尾浩子
著作委員＝西岡征子、萱島知子、橋本由美子

撮影／戸倉江里

＜材料＞ つくりやすい分量

ふきのとう…40g
味噌…220g
みりん…60mℓ
砂糖…140 g
油…適量

＜つくり方＞

1 ふきのとうをややかためにゆで、みじん切りにする。塩ゆではしない。
2 厚手の鍋に油をひき、ふきのとうを炒める。
3 ふきのとうがやわらかくなったら味噌を加え、焦がさないように注意しながら、とろ火で練る。みりんを加え、さらに砂糖を2〜3回に分けて加えて、練る。冷めるとかたくなるので、好みのかたさよりも少しやわらかめの状態で火を止める。

〈沖縄県〉

アンダンスー

沖縄の方言でアンダンスーの「アンダ」は豚の脂のことで、「ンス」は味噌のことをさしています。もともとは年に1回だけつぶす豚を大事に食べる保存食の知恵のひとつでした。砂糖も加わり甘辛く、ご飯にのせて食べたり、ポーポー（小麦粉を用いた薄焼きの皮にアンダンスーを入れて巻いた日常のおやつ）などにも使われています。お年寄りには、運動会や遠足で食べたアンダンスー入りのおにぎりのおいしさが子どもの頃の思い出だそうです。

昭和30年代頃には、砂糖はまだ貴重品で、ンム（甘藷《かんしょ》）のおかずとして食べていたこともあり、今よりも塩辛いアンダンスーだったようです。若い世代には、より甘いアンダンスーが好まれています。つくった経験のない人も多くなっていますが、簡単なのでぜひ手づくりしてほしいものです。なお、かつおがよくとれる宮古島では、豚肉でなくかつおのなまり節を入れた「かつお（なまり）味噌」がよく食べられています。

協力＝喜納静子、仲間克枝
著作委員＝田原美和、名嘉裕子

撮影／長野陽一

＜材料＞ つくりやすい分量

豚三枚肉（バラ肉）（塊）…200g
味噌（米味噌）…200g
砂糖…100g
おろししょうが（好みで）…適量
油…大さじ1

＜つくり方＞

1 豚肉はたっぷりのお湯で菜箸が通るくらいやわらかくなるまでゆでる。
2 ゆがいた豚肉を食べやすい大きさ（2cm角）に切る。
3 フライパンに油を入れて**2**を中火で炒め、肉の香りが出てきたところで味噌、砂糖を加えて焦がさないように弱火で炒める。照りが出てきたらできあがり。
4 火を止める前に好みでおろししょうがを加えて混ぜ合わせる。

各地のなめ味噌

なめ味噌は、麹や塩などを材料に発酵熟成させてつくるものと、味噌に季節の山菜や香辛料などを混ぜた加工味噌があります。味が濃いので保存性もよく、ご飯がしっかり食べられ、酒の肴にもなります。

茨城県のおひしょ

醤麹（ひしおこうじ）、醤油、水をよく混ぜ、刻んだ昆布を加えて20～30℃で1週間おく。毎日よく混ぜる。

福島県の納豆ひしょ

ほぐした麹と塩を混ぜ合わせてから、納豆を加えて混ぜ、かめに入れて4～5カ月おく。寒い時期につくり、夏まで食べる。

青森県のにんにく味噌

皮をむいたにんにくとみじん切りにした玉ねぎを蒸す。すりこ木棒でつぶして、醤油と酒を入れて練り混ぜる。

山梨県の山椒味噌

山椒の若葉を摘んで一晩室内で干し、しんなりしたらすり鉢ですり、砂糖、酒、三年味噌を加えてすり混ぜる。

群馬県のおなめ

炒り大豆を煮て麦麹、塩、水と合わせ、1週間後に蜂蜜を加えて熟成させる。食べるときに味噌漬け野菜を刻み合わせる。

鹿児島県の豚味噌

ゆでた豚三枚肉を炒め、島味噌（粒味噌）、島ザラメ（きび糖）と炒め、かつお節、ピーナッツを加える。奄美の茶うけ味噌。

鳥取県の金山寺味噌

醤油、酒、砂糖を煮立たせた中に塩抜きした塩漬け野菜としょうがを加え、冷めたら麦麹を入れる。毎日混ぜ、1週間で完成。

兵庫県の唐辛子味噌

米麹、醤油、みりんを合わせて約2日なじませたら炊飯器で4時間保温する。唐辛子と砂糖を加えて煮詰める。

協力／工藤哲子（青森県）、星イチ子（福島県）、坪来久子（茨城県）、森田美恵子（群馬県）、高村一朝・勢津子（山梨県）、田口悦子（兵庫県）、山本伴子（鳥取県）
著作委員／安田智子（青森県）、加藤雅子（福島県）、石島恵美子（茨城県）、渡邉靜（群馬県）、阿部芳子（山梨県）、坂本薫（兵庫県）、板倉一枝（鳥取県）、久留ひろみ（鹿児島県）　撮影／五十嵐公（青森県、茨城県、鳥取県）、長野陽一（福島県、鹿児島県）、高木あつ子（群馬県、山梨県、兵庫県）

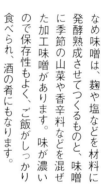

懐かしい「ご飯の供」おいしく食べる未来とは

本書に掲載された漬物や佃煮87品を比較してみると、食材の使い方や調理法に、その料理ならではの特徴や地域特性が見えてきます。レシピを読んで、つくって、食べるときに注目すると面白い、そんな視点を紹介します。

●大根の漬物、つくり方と食べ方の違い

大根の漬物は全国で親しまれており、本書でも北海道のにしん漬け（p76）から沖縄の地《ジー》漬《ジキ》（p69）まで、さまざまな漬物で大根が使われています。その中で、気候の違いが漬物のつくり方と食べ方によく表れているのは岩手の大根の一本漬け（p6）と鹿児島の山川《やまがわ》漬（p14）でしょうか。

岩手の一本漬けは、樽の水の表面が凍るほどの豪雪地帯でつくる漬物で、大根は干さずに新鮮なものを丸ごと塩と水だけで漬けこみます。塩分濃度は2％以下と低いので、パリパリと生のような食感が保たれています。このくらいの塩分濃度だと、保存性はあまり高くないのですが、寒冷な気候で雑菌の繁殖が抑えられ、乳酸発酵も緩やかに進み、ほどよい酸味とうま味が生まれるそうです。

一方、山川漬は暖かい土地でつくるため、腐りにくくするためにできるだけ水分を除き、塩分を多くします。天日と寒風で大根を約1カ月しわしわになるまで干すと、重さは1／6から1／5になるそうです。ここまで干した大根は塩がなじみにくいので、杵《きね》でついて大根の繊維をやわらかくし、塩がしみこみやすくしています。杵でたたくことで、大根のしわに入った汚れも落としているのだそうです。噛みしめると干し大根の甘味やうま味が出てくるのですが、強く干してあるので現在のたくあんよりもかなり噛み切りにくいものになっています。写真で見ると、他の大根漬けよりもひときわ薄く切ってあるのは、そうした食感に由来しているのかもしれません。

他にも、特産の渋柿「おけさ柿」をつぶして漬け床にする新潟の大根の渋柿漬け（p8）、豪雪地帯なので大根を干すことができず、囲炉裏の熱と煙で干しながらいぶしていた秋田のいぶりがっこ（p10）など、地域の産物や風土をうまく利用して、さまざまな大根の漬物がつくられてきました（写真①）。

なお、寒冷地の気候を利用して、塩分濃度が低い状態で比較的長期に保存する漬物の例として、広島の白菜漬け（p46）もあります。広島でも庄原市高野町は中国山地に囲まれた、県内有数の豪雪地帯だそうで、2％という低めの塩分濃度でも保存できました。こうして、より新鮮な状態で野菜を食べていたのです。暖かくなってくる5月以降も残っていたら、塩を加えて漬け直すといいます。

奈良・山添村の「たくあん」（レシピ掲載なし）。干し柿づくりで出た大量の柿の皮を干して漬け床にする。大根は生のまま漬ける。柿の皮も刻んで食べられる。（協力・中山容子／著作委員・喜多野宣子）（撮影／五十嵐公）

●手軽な干し大根のはりはり漬け

大根の漬物の一種として、はりはり漬けと呼ばれることの多い干し大根の漬物があります。愛知と愛媛のはりはり漬け（p17、19）は干し大根を調味液に漬けるだけですが、島根では昆布とめのは（干しわかめ）（p18）、茨城では納豆とともに漬けます（p16）。いろいろな組み合わせが常備菜にもなります。

干し大根の切り方と呼び方は地方によりさまざまで、茨城では切り干しも割り干しもあり、島根は切り干し、愛知では割り干し、愛媛では「のれん干し」が登場します。本シリーズの既刊「野菜のおかず　秋から冬」では「たこの足」「いかん手」「肛門干し」などのユニークな干し

方と呼び名もありました。長期間保存ができ、甘さが増加した干し大根には食物繊維やカルシウムが多く含まれています。戻して調味料に漬けると弾力のある食感になり、生からつくる浅漬けとはまた違う味が楽しめます。

●各地に伝わる赤かぶの漬物

かぶは各地で在来の品種が伝えられています。とくに赤かぶの漬物は鮮やかな色合いが好まれたのでしょうか、各地で伝え継ぎたい料理として紹介されています。

400年以上前から焼畑農業でつくり続けられている在来の山形の温海《あつみ》かぶ（p20）、よそで育てても同じようにはできない福島の舘《たて》岩《いわ》村の赤かぶ（p21）、長野の木曽地方だけで6種類も伝わっている赤かぶ（p22）、岐阜では飛騨の赤かぶ（p24）、滋賀の万木《ゆるぎ》かぶ（p28）、出雲地域に伝わる勾玉《まがたま》の形をした津田かぶ（p29）などが食べられています。滋賀から三重にかけてつくられている日野菜（p26、27）もかぶの一種で、赤紫色なのは地上部だけですが、発酵が進むにつれ、赤色が全体に広がります。

発色は赤かぶに含まれる色素アントシアニンによるものです。この色素は酸性のときに鮮やかに発色するので、漬物が乳酸発酵したり、または甘酢に漬けてつくったりすることで、全体が赤色に染まるのです。

●「高菜」のいろいろ

菜っ葉の漬物は各地で伝統的な品種でつくられてきました。高菜はアブラナ科で辛みと苦味が特徴的な菜っ葉ですが、いくつかのグループに分類され、一口に「高菜」といっても地域によって品種と使い方はいろいろです。

熊本の阿蘇高菜（p49）はカラシナの仲間で、3〜4月にとう立ちした茎葉を一本一本折りながら収穫します。一方、福岡の高菜（p48）は三池高菜と呼ばれ、カラシナから分かれたタカナの仲間です。ほとんどが漬物に使われ、3月から4月にかけて株ごと収穫して漬けこみます。

タカナの仲間が東北地方では秋に漬物にされます。岩手の芭蕉菜《ばしょうな》（p36）、山形の青菜《せいさい》（p37）は11月に大きな株ごと収穫して漬けます。耐寒性が強く、寒さにあたることで葉肉はさらにやわらかくおいしくなります。

奈良のおくもじ（p44）をつくる高菜漬けは秋、11月下旬に漬けますが、株ごとではなく大きく育った葉を1枚ずつ外側からかいて（切りとって）収穫し、漬けていきます（写真②）。

本シリーズの既刊「炊きこみご飯・おにぎり」でも三重・奈良・和歌山で高菜漬けを使うめはり（めはりずし）が紹介されています。高菜の分布と利用法についても全国的に調べると面白いのではないでしょうか（写真③）。

●米を無駄にしないぬか漬け

いわゆるぬか味噌漬けは、本書では大阪のぬか漬け（p59）と埼玉の旬野菜のぬか漬け（p65）が紹介されています。米ぬかに塩、水を混ぜて発酵させた漬け床に野菜を短期間漬けるもので、独特の香りが特徴です。埼玉の東部

和歌山の高菜の塩漬け（レシピ掲載なし）。高菜がとれる1〜2月に漬ける。かいた葉を10〜12枚ほど平らに、葉の軸をそろえて、葉の表側を下にして敷き、塩をふり、葉の向きを変えながら重ねていく。（協力・玉置達子／著作委員・橘ゆかり）（撮影／高木あつ子）

青森の高菜の葉くるみ（レシピ掲載なし）。一晩塩をした大根に酒粕の漬け床を塗り、一晩塩水につけた高菜で巻き、軽く重しをして3日ほどおく。p70のしそ巻き梅干しと同様に津軽の「くるむ」文化が表れた一品。（著作委員・北山育子）（撮影／五十嵐公）

低地は年間を通じて野菜が多くとれ、また物資の流通もさかんだったので、冬季に保存を目的につくる漬物は発達しなかったといいます。旬の野菜を次々にぬか漬けにして、手軽においしく食べていました。

大阪のぬか漬けも、夏にどっさりとれる水なすを漬けては食べています。ただ、古漬け

にすることもあり、中には3年も漬けたものもあったそうです。そうした古漬けは「どぼ漬け」と呼び、塩抜きしてから小えびなどと煮て食べたとあります（写真④）。

大阪・岸和田のじゃこごうこ（p59参照）。ぬか漬けにした水なすの古漬けを塩抜きし、えびじゃこ（小えび）と煮つけたもの。なすの味とぬか漬けの酸味が感じられる程度に塩抜きするのがコツ。（撮影／高木あつ子）

ぬか漬け以外にも米ぬかを加える漬物があります（索引参照）。この場合は米ぬかが乳酸菌や酵母のエサとなって発酵が進み、腐敗菌の働きを抑えたり、漬物らしい風味を加えるのを促進する働きをしていると思われます。

日本の鈴木梅太郎とオランダのC・フンクが米ぬかからビタミンB（現B_1）を発見しました。米ぬかの中には食物繊維やビタミン、ミネラルなどが豊富に含まれています。

先人は栄養学的知識からぬか漬けをつくったわけではありませんが、精白された白米のご飯への憧れが強くある一方で、貴重な米を余すところなく使い尽くす工夫と知恵が、米ぬかの利用から見えてきます。

●米を贅沢に使う麹と三五八と粕

麹を使った漬け床は、麹の甘味や風味が加わりおいしさもひとしおです。ご飯で食べられる米を麹にして、それを漬け床にするのですから、これは贅沢な漬物だったのでしょう。各地で祭りや行事の際のごちそうとしてつくられてきました。北海道のにしん漬け（p76）、福井のにしんずし（p80）は、いずれも内陸部での貴重なたんぱく質源だったにしんとともに漬けこんでおり、その意味からもごちそうだったといえます。

福島の三五八《さごはち》漬け（p64）は、あら塩：麹：蒸した米を3：5：8の割合で混ぜた漬け床で、夏場、次々とれる野菜を漬けて一晩ですぐに食べられる漬物です。ぬか床のように使うことができ、野菜の水がたまったら除き、漬け床を少し足して使い続けます。

新潟のきっこうし漬け（p82）も三五八漬けと同じようにご飯と麹を合わせた「ねせ麹」を漬け床にしますが、こちらは塩は入れず、濃厚な甘酒のもとのような状態です。べったら漬けのような甘味が出るそうです。これもにしんとともに漬けており、正月の酒の肴になくてはならない一品だということです。

もう一つ、米からできる漬け床に酒粕があります。本書では富山の金糸うりの粕漬け（p53）と福岡のうりの粕漬け（p56）が紹介されています。福岡南部の筑後は米どころで、水が豊かな酒づくりのさかんな地域なので、酒粕も身近に使われていたそうです。酒蔵でつくる奈良漬けが何度も酒粕を替えて漬け直す贅沢な古漬けタイプなのに対して、家庭料理としての粕漬けは、一度漬けの浅漬けタイプでカリカリとした歯ざわりとさっぱりとした食味が特徴とされています。金糸うりの粕漬けもほぐれてシャキシャキと食べられる食感が珍しく、好まれているそうです。

●佃煮を伝え継ぐには

本書で紹介する佃煮は、大きく山椒の佃煮と小魚やあさりの佃煮に分かれます。

山椒の佃煮は、葉と花を塩と酒だけで煮た香り高い栃木の佃煮（p85）、実を佃煮や醤油漬けにし、葉をペースト状の佃煮にする兵庫（p92）、京都のちりめん山椒（p89）と、多様なつくり方があることがわかります。兵庫の朝倉山椒は棘《とげ》がないのですが、普通の山椒は棘が多く、収穫や、調理するまでの選別やゴミとりも細かい作業で大変です。自分でとってきて手づくりする人は減っているでしょう。

魚介類の佃煮では、材料そのものが入手しにくくなっている面もあります。秋田の八郎潟ではわかさぎの佃煮（p84）がよくつくられていましたが、昭和32年から干拓が始まり、小魚の水揚げが激減しました。あさりやのりの好漁場だった東京湾最奥部も埋め立てられて、地元でとれるあさりやのりの佃煮（p86、87）は細々と受け継がれているようです。兵庫の春の風物詩のいかなごの佃煮（p90）も、近年ではいかなごの記録的な不漁が続き、たいそう値上がりしているそうです。

さらに、これは佃煮だけでなく漬物やなめ味噌にも共通することですが、「ご飯の供」であるこれらの料理は、ご飯の消費量そのものが減っていけば食べる機会が減ってしまいます。そういう意味では、時代とともにこれらの料理も少しずつ変化していくでしょう。兵庫の山椒の佃煮では、この50年ほどの間につくり方が変化し、かつては濃口醤油と酒だけで炊き、味は濃く、色も黒かったものが、砂糖やみりん、蜂蜜、だし汁も加え、少々薄味になり甘味も加わってきたといいます。醤油もうす口醤油、白醤油などを使って素材の色を生かしたレシピが開発されており、地域の名産をこれからもおいしく食べていくための工夫が積み重ねられていくことと思われます。

●熟成味噌のおいしさ

中国から伝来した醤（ひしお）は、日本の麹文化の中で、麹、大豆と塩を発酵させた味噌に発達しました。

麹の種類（米麹・麦麹・豆麹）や塩の量等の配合割合、熟成期間などによって、さまざまな味噌が生まれます。一般的には、麹の種類によって米味噌、麦味噌、豆味噌に分類され、甘さや辛さ、色調などで多くの産地銘柄があり、和食文化を支えてきました。

味噌は熟成とともに糖とアミノ酸のメイラード反応が進み、褐色に変化し、おいしさと香りが増していきます。本書では山梨の三年味噌（p96）が紹介されています。鹿児島の麦味噌（p100）の写真でも3年もの、5年ものを見ることができ、色合いはまったく異なることがわかります。大正末から昭和初期の食生活を聞き書きした「日本の食生活全集」（農文協）では、味噌を長くおいておけばおいしくなるが、三年ねかせておけるのは余裕のある家に限られるという聞き書きがありました。

味噌の香りや旨みをいかす料理は、魚や肉や野菜のおかずに、また汁や鍋の形で、さらにはだんごやもちのつけだれなどでも登場します。本シリーズ全体を通して味噌料理という視点でまとめてみるのも興味深いです。

●麹（発酵食）利用としてのなめ味噌

金山寺味噌は鎌倉時代の頃からつくられているようで、おかずや酒肴として歴史のあるものです。本書では和歌山（p104）をはじめ、福島・茨城・群馬（p115）に千葉（p106）、兵庫・鳥取（p115）、長崎（p107）、熊本（p108）で、麹を熟成させるタイプのなめ味噌がつくられてきたことがわかります。麹と調味料だけを熟成させるものもあれば、麹と野菜を合わせるもの、大豆や納豆を加えるものなど、さまざまなバリエーションが見られます（写真⑤）。

味噌にふきのとう（p111、113）やゆず（p112）、にんにくや山椒（p115）など季節のものを入れた加工味噌タイプのなめ味噌は、まとめてつくっておき年間を通して少しずつ食卓にのぼり、ご飯にのせたり、野菜にからめたり、ときには味噌汁に、またお茶うけとしても食卓をにぎわせます。沖縄（p114）と鹿児島（p115）では豚肉が入ります。

⑤ なす、うりが入った和歌山・御坊の金山寺味噌（上富田の金山寺味噌はp104参照）。これは7月につくり、8カ月たったもの。熟成して甘味やアルコールの風味が出ている。（協力・上村順子／著作委員・青山佐喜子）（撮影／高木あつ子）

現代の食生活の中では、これらのなめ味噌が登場する機会は減ってきているかもしれません。塩麹や甘酒が発酵食として新たな注目を集めているので、麹の多様な利用形態をもっとアピールできるのではないでしょうか。

＊　＊　＊

京都のちりめん山椒（p89）では、子どもは辛い山椒をよけながらご飯の供にしたという思い出が語られています。佐賀のふき味噌（p113）でも、苦いふき味噌を子どもは苦手にしたが、大人になると懐かしくおいしく感じるとか、千葉のなめ味噌麹（p106）では子どもは甘酒の方が楽しみだったがやがてなめ味噌麹の複雑なおいしさがわかる、などとされています。すぐに好きになる味でなくても、地元で手に入る季節のものをいかした料理との出合いを、子どものうちから幅広く体験できるようにしたいものです。

（長野宏子）

調理科学の目 1

漬物における塩と乳酸菌の働き

大越ひろ（日本女子大学名誉教授）

ユネスコの無形文化遺産に登録された「和食」は、主食であるご飯に合った多様な汁・菜・漬物によって構成される献立が基本となっています（※1）。本書では、そのなかの漬物を重点的にとりあげました。漬物の基本は塩漬けですが、発酵を経ることで単なる塩蔵野菜とは異なる特徴のある漬物が生まれ、各地で独特の食文化を生み出しているともいえます。

●漬物になぜ塩が必要なのか

漬物は食塩による保存性を利用した食品です。なぜ、食塩を入れると保存性が高くなるのでしょうか。

食塩は食品の水分を奪う働きがあります。野菜の細胞は図（※2）にみられるように、細胞壁に囲まれ、その内側に半透性を持つ細胞膜があります。この細胞膜は水を通しますが、食塩（塩分）などは通すことができない性質を持っています。

生の野菜細胞を濃度が高い食塩水に浸すと、細胞の内外の圧（浸透圧）を等しくする力が働き、細胞内部の水分だけが外の食塩水の方に出て行きます（脱水）。このとき細胞は縮みますが、細胞壁は変形しにくいので、細胞壁の内側にあった細胞膜が細胞壁から分離することになります。この状態が細胞質分離（原形質分離）です。細胞は張りを失い、野菜はしんなりした状態となります。図の右の状態にあたります。

野菜の細胞液は0・85％食塩水の浸透圧とほぼ等しいので、これより高濃度の食塩水に浸すと脱水が起こります。

一般に、漬物に加える食塩の濃度は2〜4％で、長期間保存したいときは5〜10％程度とします。ただし、10％程度までの食塩濃度では微生物の繁殖は可能です。そのため、漬けこみ中に微生物の発酵作用による酸味物質や香気物質が生じます。また、野菜の中の酵素が作用してできる呈《てい》味《み》物質が細胞のなかに拡散し、独特の香味・色・テクスチャー（歯切れなどの食感）を持った漬物となるのです。

●漬物のテクスチャーとカリカリ梅

たくあん漬けや白菜漬けなどでは、生の野菜とは異なるパリパリとしたテクスチャーが好まれます。この歯切れは、植物の組織を支えているペクチンが食塩中のカルシウムやマグネシウムと結合して、組織を硬くするために生まれます。精製塩よりもあら塩の方がこうしたミネラル分を含むため、漬物にはあら塩が用いられることが多いのです。

とくに歯切れが重視されるカリカリ梅ができる原理は、この仕組みをさらに強化したものです（※3）。

一般的な梅干しは薄い果皮と軟らかくて粘稠《ねんちゅう》性（粘りけ）のある果肉がおいしさの特徴といえます。一方、カリカリ梅は、まさに〝カリカリ〟と

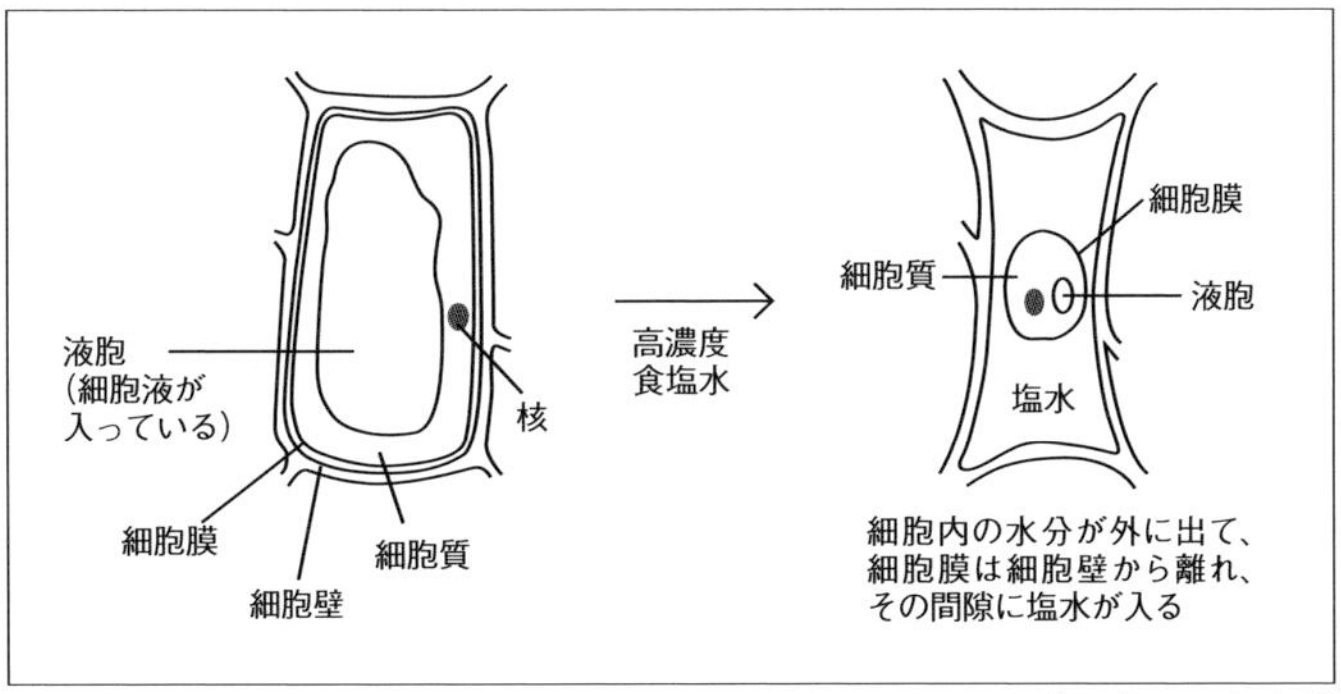

図　生野菜細胞の塩水中での変化　（【※2】より一部改変）

しか表現できない独特の食感です。

カリカリ梅に適している梅は未熟果で硬いものです。完熟した梅ではカリカリとした食感は得られません。塩蔵時に水酸化カルシウムを硬化剤として添加すると、梅の細胞壁に存在するペクチンとセルロース類がカルシウムの働きで結びつき、網目状の構造をつくり出します。果実組織がより強固な状態になり、追熟による軟化を防ぐことでカリカリ梅の硬さが発現すると考えられます。

●漬物は乳酸発酵を上手に利用

同じ微生物の活動でも、人間にとって有用なものを発酵といい、有害なものを腐敗と呼び分けています。腐敗とは、食材に含まれるアミノ酸やたんぱく質が腐敗菌によって、硫化水素やアンモニア、メルカプトエタノールなどに変化することであり、これらの物質は悪臭を放つとともに、毒物や劇物に指定されるような成分です。

食品を塩漬けしたとき、腐敗菌の多くは比較的低い塩分濃度でも生育が抑制されます。一方、乳酸菌は腐敗菌よりは高い塩分濃度に耐えることができるので増殖し、食品中の糖分を栄養にして乳酸発酵をし、乳酸を分泌します。そうして環境がより酸性に傾くと、腐敗菌はますます生育しにくくなると同時に、漬物には酸味が加わり漬物特有の味がつくり出されていくのです。その後、酵母がアルコール発酵をしてさらに豊かな風味や味をつくります。このように、乳酸菌を上手に働かせることがさまざまな漬物をつくる出発点になっているのです。

なお、漬物に白い膜が張ることがありますが、これは産膜酵母によるものです。人体に害はなく発酵と腐敗の間のような現象になりますが、放置しておくと漬け液中の酸やアルコールを消費して、漬物の風味を悪くしたり、ペクチン分解酵素を分泌して歯切れを悪くすることがあります。産膜酵母は酸素のある環境を好むので、ときどきかきまぜることで増殖を抑えることができます。それでも発生したらとり除きましょう。

●乳酸菌がつくるしば漬け

鮮やかな赤紫色とさわやかな酸味が印象的な京都の「しば漬け」の色は、材料のナスあるいはシソに由来するアントシアニン色素に起因しています。アントシアニンは梅干しの着色にも用いられている赤ジソや、カシスなどの果実にも多く含まれていて、抗酸化性などの機能性を発揮するのではないかと注目されています。ナスの紫色をつくっている色素ナスニンもアントシアニンの一種です。

アントシアニンは光や熱に弱く、調理・加工・貯蔵中に速やかに退色することが知られていますが、しば漬けでは、鮮やかな赤紫色を呈して安定化しています。なぜなのでしょうか。

これは、ナスニンが単独では非常に不安定ですぐに退色してしまうのですが、赤ジソのアントシアニン系の色素が加わると化学的に結合し、安定した赤紫色に発色し、その色が長く保たれるためです。

この色素が安定する条件として、乳酸発酵により溶液が酸性になり、また塩分濃度も4%前後であることが求められます。

乳酸菌は食塩濃度7%のような高食塩濃度では生育しにくく、4%前後が生育に適しています。しかし、近年の漬物の減塩化傾向から、2%程度の低塩分のものが出回っていますが、これでは乳酸菌にとって最適な環境ではありません。すなわち、しば漬けを失敗なく漬けこむコツとして、4%程度の食塩濃度に設定して乳酸菌を適切に働かせることが、同時にアントシアニン色素の発色や安定化においても必要といえるのです。しば漬けは、その色も塩分も酸味もすべてが相互に巧みに関わりあってつくられてきたことがわかります（※4）。

乳酸菌はイメージとしてヨーグルトなどに多く、乳製品から摂らないといけないように思われがちですが、実際には野菜などの表面にもたくさん存在しており、発酵した漬物の中では一層増殖しているのです。近年では発酵の過程を省略し、調味液で味つけをした「調味浅漬け」も多いですが、発酵食の機能性が見直されている今、漬物を改めて発酵食として再評価することが求められているでしょう。

【※1】（一社）和食文化国民会議「和食の心とかたち」https://washokujapan.jp/washoku-katachi/
【※2】大越ひろほか編著『健康と調理のサイエンス』（学文社）（２０１１年）
【※3】小竹佐知子ら「カリカリ梅におよぼすミネラル成分の影響」「日本海水学会誌」第67巻第4号（２０１３年）
【※4】品川弘子「『しば漬』の色調とアントシアニン色素」「日本調理科学会誌」第32巻第4号（１９９９年）

最後に味噌を溶いて香り高く仕上げる福岡のだご汁（協力／原勝子、撮影／長野陽一）

調理科学の目２

味噌と醤油は「香りの調味料」

菅原悦子（岩手大学名誉教授）

日本では、味噌や醤油は主に塩味をつけるための調味料とみられて、現在も減塩運動のターゲットになっています。その影響もあり、とくに味噌の消費量は、現在は１９７０年代の半分以下になったとの報告があります。一方、世界では近年、味噌や醤油の香りの多様性が世界の様々な料理によく調和すること、またうま味、甘味、酸味など複雑な味も付与され、よりおいしい料理ができることが高く評価されています(※1)。

味噌や醤油の香気は極めて多様で複雑で、３００種以上の成分から構成されており、花やフルーツ、肉、コーヒー等と共通する成分も含まれています。その中で甘いカラメル様の強烈な香りを持ち、化学的には4-hydroxy-2(or 5)-ethyl-5(or 2)-methyl-3(2*H*)-furanoneと表記する成分が、「味噌・醤油らしい香り」の中心的な役割を担っており、味噌と醤油に共通する特有で重要な成分であることがわかっています。信州味噌や仙台味噌のような米味噌の香りの主要な成分といえば、イメージしやすいでしょうか。この成分は頭文字をとってＨＥＭＦと略します。

ＨＥＭＦの濃度の高い味噌は、全国味噌鑑評会での官能検査でも評価が高いという結果も出ました。ごく少量でも強く香るので、煮物や汁物に味噌や醤油を入れるときには少量残しておいて最後に加えると香りが引き立ちます。また、サバの味噌煮のように生臭さなどのいやなにおいを感じにくくするマスキング効果があることや、この香りを生かすと実際の塩分濃度が低くても適切な塩味と評価されることもわかっています。さらに、近年では抗酸化性や抗腫瘍性があること、がんの抑制や放射線被害の予防等、優れた機能もあることが報告されています。チーズやビール、ワインなどからも少量検出され、広範囲の発酵食品に含まれることが明らかになりましたが、味噌・醤油には格段に多く含まれています。

私たちはＨＥＭＦの生成の仕組みも解明してきました(※2)。味噌の場合は、麹かびが生産する酵素によりつくられた大豆由来のアミノ酸と米や麦由来のグルコースなどが発酵熟成中におだやかなメイラード反応を起こし、さらに酵母のグルコース代謝によってつくられる化合物が結合することでできていたのです。また、発酵熟成の初期に多量に生成されると、味噌ができあがる頃には分解し濃度が低下してしまうので、発酵熟成が緩慢になるように温度調整することが重要であることも報告されています。こうした研究成果は、企業の味噌・醤油醸造の現場でも活用されています。

味噌や醤油は麹かび、酵母、乳酸菌の３種の微生物が巧みなバランスで働くように設計されており、先人の知恵や技が結集した極めて優れた発酵食品です。とくに、味噌はその発酵熟成中に優れた多様な機能が形成されており、毎日食べることで長く日本人の健康を支えていたことが示唆されています。各地にご当地味噌があるように、地域ごとの食料資源、気候風土、食習慣などを反映して醸造されており、地域を代表する郷土食でもあります。味噌や醤油は「香りの調味料」でもあり、この香りのする食卓が豊かで健康的な食生活の象徴になると考えています。

【※1】菅原悦子「『世界を魅了する香りの調味料』醤油と味噌」『醤油の研究と技術』第44巻6号（(一財)日本醤油技術センター）（２０１８年）
【※2】M. Ohata, K. Kohama, Y. Morimitsu, K. Kubota and E. Sugawara, The formation mechanism by yeast of 4-hydroxy-2(or 5)-ethyl-5(or 2)-methyl-3(2*H*)-furanone in miso. Biosci. Biotechnol. Biochem., 71, 407-413 (2007)

都道府県別　掲載レシピ一覧

●1つが掲載レシピ1品を表します。

肉

豆・豆加工品

香辛料

米麦・米麦加工品

調味料

その他粉類

※だし汁の素材を除く。項目ごとに五十音順。

素材別索引

野菜

野菜加工品

果物・果物加工品

種実

きのこ・きのこ加工品

魚介・魚介加工品

海藻

その他の協力者一覧

本文中に掲載した協力者の方々以外にも、調査・取材・撮影等でお世話になった方々は各地にたくさんおいでです。ここにまとめて掲載し、お礼を申し上げます。（敬称略）

北海道　前田正憲、松前町農漁村生活改善グループ、松前町教育委員会

青森県　青森県中南地域県民局地域農林水産部農業普及振興室、笹森得子

宮城県　佐藤律子、渡邊てる子、沼倉美津江

山形県　斎藤朋子、中村純、佐藤英俊

福島県　湯田由美

茨城県　大和和子

山梨県　南部町すみれの会、高村安子、菊地豊子、羽田倞子

静岡県　静岡県温室農業協同組合

三重県　三重県漬物協同組合

滋賀県　三尾里加工グループ

奈良県　片岡リヨ子、寺田秀子、大東恵美子

和歌山県　西牟婁振興局・畑田京子、日高漁業協同組合・志賀きよみ

鳥取県　宮本愛子、福井美智子、石田邦子、森本美智子

島根県　島根県食生活改善推進協議会、馬場モトエ、林信子、西村初美、柴原康子、島根県立大学（平成30年度学術研究特別助成金）

広島県　JA広島市広島菜漬センター

徳島県　那賀町ヘルスメイト

愛媛県　松山市食生活改善推進協議会難波支部（渡部邦子、渡部弥生、萩山智恵子、渡部節子、渡部恵子、大星アツ子他）、川端和子、近藤アケミ、近藤君子

高知県　松﨑淳子、小松利子、小西正雄

福岡県　株式会社高橋商店

長崎県　長崎県壱岐振興局農林水産部農業振興普及課

大分県　真田八重子

宮崎県　矢越ミノリ、江崎紋佳

鹿児島県　岩切たき子

著作委員一覧

「伝え継ぐ 日本の家庭料理」

（２０１９年７月１日現在）

北海道　菅原久美子（札幌国際大学短期大学部）／菊地和美（藤女子大学）／坂本恵（札幌保健医療大学）／木下教子（北翔大学）／土屋律子（元北翔大学）／藤本真奈美（光塩学園女子短期大学）／村上知子（元北海道教育大学）／山口敦子（天使大学）／佐藤恵（光塩学園女子短期大学）／伊木亜子（函館短期大学）／畑井朝子（元函館短期大学）／宮崎早花（酪農学園大学）／田中ゆかり（光塩学園女子短期大学）

青森県　北山育子（東北女子短期大学）／安田智子（東北女子短期大学）／真野由紀子（東北女子短期大学）／熊谷貴子（青森県立保健大学）／今井美和子（東北栄養専門学校）／澤田千晴（元東北女子短期大学）／下山春香（元東北女子短期大学）

岩手県　髙橋秀子（修紅短期大学）／長坂慶子（岩手県立大学盛岡短期大学部）／魚住惠（元岩手県立大学盛岡短期大学部）／菅原悦子（元岩手大学）／村元美代（盛岡大学）／渡邉美紀子（修紅短期大学）／冨岡佳奈絵（修紅短期大学）／佐藤佳織（修紅短期大学）／阿部真弓（修紅短期大学）／松本絵美（岩手県立大学盛岡短期大学部）／岩本佳恵（岩手県立大学盛岡短期大学部）

宮城県　高澤まき子（仙台白百合女子大学）／野田奈津実（尚絅学院大学）／和泉眞喜子（尚絅学院大学）／宮下ひろみ（東都医療大学）／濟渡久美（東北生活文化大学短期大学部）／矢島由佳（仙台白百合女子大学）

秋田県　高山裕子（聖霊女子短期大学）／熊谷昌則（秋田県総合食品研究センター）／長沼誠子（元秋田大学）／山田節子（元聖霊女子短期大学）／三森一司（聖霊女子短期大学）／髙橋徹（秋田県総合食品研究センター）／逸見洋子（元秋田大学）／大野智子（青森県立保健大学）／駒場千佳子（女子栄養大学）

山形県　齋藤寛子（山形県立米沢栄養大学）／宮地洋子（仙台青葉学院短期大学）／平尾和子（愛国学園短期大学）／佐藤恵美子（元新潟県立大学）

福島県　阿部優子（元郡山女子大学短期大学部）／加藤雅子（郡山女子大学短期大学部）／會田久仁子（郡山女子大学短期大学部）／中村恵子（福島大学）／柳沼和子（郡山女子大学）／津田和加子（桜の聖母短期大学）／福永淑子（文教大学）

茨城県　渡辺敦子（茨城キリスト教大学）／荒田玲子（常磐大学）／吉田恵子（つくば国際大学）／石島恵美子（茨城大学）／飯村裕子（常磐大学）／野口元子

栃木県　名倉秀子（十文字学園女子大学）／藤田睦（佐野日本大学短期大学）

群馬県　綾部園子（高崎健康福祉大学）／堀口恵子（東京農業大学）／神戸美恵子（桐生大学）／阿部雅子（東都大学）／高橋雅子（明和学園短期大学）／永井由美子（群馬調理師専門学校）／渡邉静（明和学園短期大学）

埼玉県　島田玲子（埼玉大学）／河村美穂（埼玉大学）／土屋京子（東京家政大学）／加藤和子（東京家政大学）／成田亮子（東京家政大学）／名倉秀子（十文字学園女子大学）／木村靖子（十文字学園女子大学）／松田康子（女子栄養大学）／駒場千佳子（女子栄養大学）／徳山裕美（帝京短期大学）

千葉県　渡邊智子（淑徳大学）／柳沢幸江（和洋女子大学）／今井悦子（聖徳大学）／石井克枝（元千葉大学）／中路和子／梶谷節子／大竹由美

東京都　加藤和子（東京家政大学）／宇和川小百合（東京家政大学）／赤石記子（東京家政大学）／伊藤美穂（東京栄養食糧専門学校）／色川木綿子（東京家政大学）／大久保洋子（元実践女子大学）／香西みどり（お茶の水女子大学）／佐藤幸子（実践女子大学）／白尾美佳（実践女子大学）／成田亮子（東京家政大学）

神奈川県　櫻井美代子（東京家政学院大学（非））／大越ひろ（元日本女子大学）／増田真祐美（成立学園高等学校）／大迫早苗（相模女子大学）／酒井裕子（相模女子大学）／清絢／小川暁子（神奈川県農業技術センター）／河野一世（奈良食と農の魅力創造国際大学校）／津田淑江（元共立女子短期大学）

新潟県　佐藤恵美子（元新潟県立大学）／太田優子（新潟県立大学）／立山千草（新潟県立大学）／山口智子（新潟大学）／伊藤直子（元新潟医療福祉大学）／玉木有子（大妻女子大学）／伊藤知子（新潟県栄養士会）／小谷スミ子（元新潟大学）／山田チヨ（新潟県栄養士会）／松田トミ子（新潟県栄養士会）／長谷川千賀子（悠久山栄養調理専門学校）／渡邊智子（淑徳大学）

富山県　深井康子（富山短期大学）／守田律子（元富山短期大学）／原田澄子（金沢学院短期大学）／稗苗智恵子（富山短期大学）／中根一恵（富山短期大学）

石川県　新澤祥惠（北陸学院大学短期大学部）／川村昭子（元金沢学院短期大学）／中村喜代美（北陸学院大学短期大学部（非））

福井県　佐藤真実（仁愛大学）／森恵見（仁愛女子短期大学）／谷洋子（元仁愛大学）／岸松静代（元仁愛女子短期大学）

山梨県　時友裕紀子（山梨大学）／柘植光代（元日本女子大学）／阿部芳子（元相模女子大学）／松本美鈴（大妻女子大学）／坂口奈央（山梨県立北杜高

等学校）

長野県　中澤弥子（長野県立大学）／吉岡由美（元長野県短期大学）／高崎禎子（信州大学）／小木曽加奈（長野県立大学）／小川晶子（長野県立大学）

岐阜県　堀光代（岐阜市立女子短期大学）／西脇泰子（岐阜聖徳学園大学短期大学部）／長屋郁子（岐阜市立女子短期大学）／坂野信子（東海学園大学（非））／木村孝子（東海学院大学）／辻美智子（名古屋女子大学）／横山真智子（各務原市立桜丘中学校）／山根沙季（中京学院大学短期大学部）／長野宏子（元岐阜大学）

静岡県　新井映子（静岡県立大学）／高塚千広（東海大学短期大学部）／市川陽子（静岡県立大学）／伊藤聖子（静岡県立大学）／神谷紀代美（浜松調理菓子専門学校）／川上栄子（元常葉大学）／清水洋子（静岡英和学院大学短期大学部）／竹下温子（静岡大学）／中川裕子（実践女子大学）／村上陽子（静岡大学）

愛知県　西堀すき江（東海学園大学（非））／小出あつみ（名古屋女子大学）／近藤みゆき（名古屋文理大学短期大学部）／石井貴子（名古屋文理大学短期大学部）／小濱絵美（名古屋文理大学短期大学部）／加藤治美（名古屋文理栄養士専門学校）／山内知子（名古屋女子大学）／松本貴志子（名古屋女子大学短期大学部）／間宮貴代子（名古屋女子大学）／伊藤正江（至学館大学）／森山三千江（愛知学泉大学）／山本淳子（愛知学泉短期大学）／野田雅子（愛知淑徳大学（非））／廣瀬朋香（元東海学園大学）／亥子紗世（元東海学園大学）／筒井和美（愛知教育大学）／羽根千佳（元東海学園大学）

三重県　磯部由香（三重大学）／飯田津喜美（三重短期大学）／水谷令子（元鈴鹿大学）／成田美代（元三重大学）／平島円（三重大学）／久保さつき（鈴鹿大学）／鷲見裕子（高田短期大学）／乾陽子（鈴鹿大学短期大学部）／駒田聡子（皇學館大学）／阿部稚里（三重短期大学）／奥野元子（元島根県立大学短期大学部）／萩原範子（元名古屋学芸大学短期大学部）／小長谷紀子（安田女子大学）

滋賀県　中平真由巳（滋賀短期大学）／山岡ひとみ（滋賀短期大学）／石井裕子（武庫川女子大学（非））／小西春江（園田学園女子大学短期大学部）／久保加織（滋賀大学）／堀越昌子（京都華頂大学）

京都府　豊原容子（京都華頂大学）／湯川夏子（京都教育大学）／桐村ます美（元成美大学短期大学部）／河野篤子（京都女子大学）／坂本裕子（京都華頂大学）／福田小百合（京都文教短期大学）／米田泰子（元京都ノートルダム女子大学）

大阪府　東根裕子（甲南女子大学）／八木千鶴（千里金蘭大学）／阪上愛子（元堺女子短期大学）／澤田参子（元奈良文化女子短期大学）／原知子（滋賀短期大学）／山本悦子（元大阪夕陽丘学園短期大学）

兵庫県　田中紀子（神戸女子大学）／片寄眞木子（元神戸女子短期大学）／坂本薫（兵庫県立大学）／富永しのぶ（兵庫大学）／本多佐知子（金沢学院短期大学）／中谷梢（関西福祉科学大学）／作田はるみ（神戸松陰女子学院大学）／原知子（滋賀短期大学）

奈良県　喜多野宣子（大阪国際大学）／志垣瞳（帝塚山大学（非））／三浦さつき（奈良佐保短期大学）／島村知歩（奈良佐保短期大学）

和歌山県　青山佐喜子（大阪夕陽丘学園短期大学）／三浦加代子（園田学園女子大学）／川原崎淑子（元園田学園女子大学短期大学部）／橘ゆかり（神戸松蔭女子学院大学）／川島明子（園田学園女子大学）／千賀靖子（元樟蔭東短期大学）

鳥取県　松島文子（鳥取短期大学）／板倉一枝（鳥取短期大学）

島根県　石田千津恵（島根県立大学）／藤江未沙（松江栄養調理製菓専門学校）

岡山県　藤井わか子（美作大学短期大学部）／青木三恵子（高知大学（客））／小川眞紀子（ノートルダム清心女子大学）／槙尾幸子（元中国学園大学）／大野婦美子（くらしき作陽大学）／藤堂雅恵（研）（美作大学）／人見哲子（美作大学）／新田陽子（岡山県立大学）／我如古菜月（岡山県立大学）／加賀田江里（中国短期大学）／藤井久美子（山陽学園大学）

広島県　岡本洋子（広島修道大学）／村田美穂子（広島文化学園短期大学）／渡部佳美（広島女学院大学）／石井香代子（福山大学）／奥田弘枝（元広島女学院大学）／海切弘子（研）（広島大学大学院）／上村芳枝（比治山大学（非））／木村留美（広島国際大学）／近藤寛子（福山大学）／渕上倫子（元福山大学）／前田ひろみ（広島文化学園短期大学）／木村安美（九州大学）／高橋知佐子（福山大学（非））／塩田良子（広島文教大学）／政田圭子（元鈴峯女子短期大学）／小長谷紀子（安田女子大学）／山口享子（中国学園大学（嘱））／北林佳織（比治山大学）

山口県　五島淑子（山口大学）／園田純子（山口県立大学）／池田博子（元西南女学院大学短期大学部）／櫻井菜穂子（宇部フロンティア大学短期大学部）／廣田幸子（山陽学園短期大学）／福田翼（水産大学校）／山本由美（元池坊短期大学）／森永八江（山口大学）

徳島県　髙橋啓子（四国大学）／金丸芳（徳島大学）／松下純子（徳島文理大学短期大学部）／長尾久美子（徳島文理大学短期大学部）／近藤美樹（徳島文理大学）／後藤月江（四国大学短期大学部）／三木章江（四国大学短期大学部）／川端紗也花（四国大学）／坂井真奈美（徳島文理大学短期大学部）

香川県　次田一代（香川短期大学）／加藤みゆき（元香川大学）／川染節江（元明善短期大学）／村川みなみ（香川短期大学）／渡辺ひろ美（香川短期大学）

愛媛県　亀岡恵子（松山東雲短期大学）／宇高順子（愛媛大学）／香川実恵子（松山東雲女子大学（非））／武田珠美（熊本大学）／皆川勝子（松山東雲短期大学）

高知県　小西文子（東海学院大学）／五藤泰子（高知学園短期大学（非））／福留奈美（東京聖栄大学）／野口元子

福岡県　三成由美（中村学園大学）／松隈美紀（中村学園大学）／宮原葉子（中村学園大学）／入来寛（中村学園大学）／御手洗早也伽（中村学園大学）／熊谷奈々（中村学園大学）／大仁田あずさ（元中村学園大学）／八尋美希（近畿大学九州短期大学）／秋永優子（福岡教育大学）／川島年生（中村学園大学（非））／新冨瑞生（九州女子大学）／末田和代（元精華女子短期大学）／楠瀬千春（九州栄養福祉大学）／仁後亮介（中村学園大学短期大学部）／吉岡慶子（元中村学園大学）／猪田和代（太刀洗病院）／山本亜衣（九州女子大学）

佐賀県　西岡征子（西九州大学短期大学部）／副島順子（元西九州大学）／武富和美（西九州大学短期大学部）／萱島知子（佐賀大学）／成清ヨシヱ（元西九州大学短期大学部）／橋本由美子（西九州大学短期大学部（非））

長崎県　冨永美穂子（広島大学）／久木野睦子（活水女子大学）／石見百江（長崎県立大学）

熊本県　秋吉澄子（尚絅大学短期大学部）／北野直子（元熊本県立大学）／戸次元子（老健施設もやい館）／川上育代（尚絅大学）／原田香（尚絅大学短期大学部）／中嶋名菜（熊本県立大学）／小林康子（尚絅大学短期大学部）／柴田文（尚絅大学短期大学部）

大分県　西澤千恵子（元別府大学）／篠原壽子（東九州短期大学）／立松洋子（別府大学短期大学部）／望月美左子（別府溝部学園短期大学）／高松伸枝（別府大学）／宇都宮由佳（学習院女子大学）／山嵜かおり（東九州短期大学）／麻生愛子（東九州短期大学）

宮崎県　篠原久枝（宮崎大学）／長野宏子（元岐阜大学）／磯部由香（三重大学）／秋永優子（福岡教育大学）

鹿児島県　森中房枝（鹿児島純心女子大学）／木之下道子（鹿児島純心女子大学）／進藤智子（鹿児島純心女子短期大学）／山崎歌織（鹿児島女子短期大学）／木戸めぐみ（鹿児島女子短期大学）／大倉洋代（鹿児島女子短期大学（非））／大富あき子（東京家政学院大学）／大山典子（鹿児島純心女子短期大学）／新里葉子（鹿児島純心女子大学）／福元耐子（鹿児島純心女子大学）／山下三香子（鹿児島県立短期大学）／木下朋美（鹿児島県立短期大学）／大富潤（鹿児島大学）／竹下温子（静岡大学）／千葉しのぶ（鹿児島女子短期大学）／久留ひろみ

沖縄県　田原美和（琉球大学）／森山克子（琉球大学）／我那覇ゆりか（沖縄大学）／大城まみ（琉球大学）／名嘉裕子（デザイン工房美南海）

万木かぶを寒風に干す（滋賀県高島市安雲川町）　写真／長野陽一

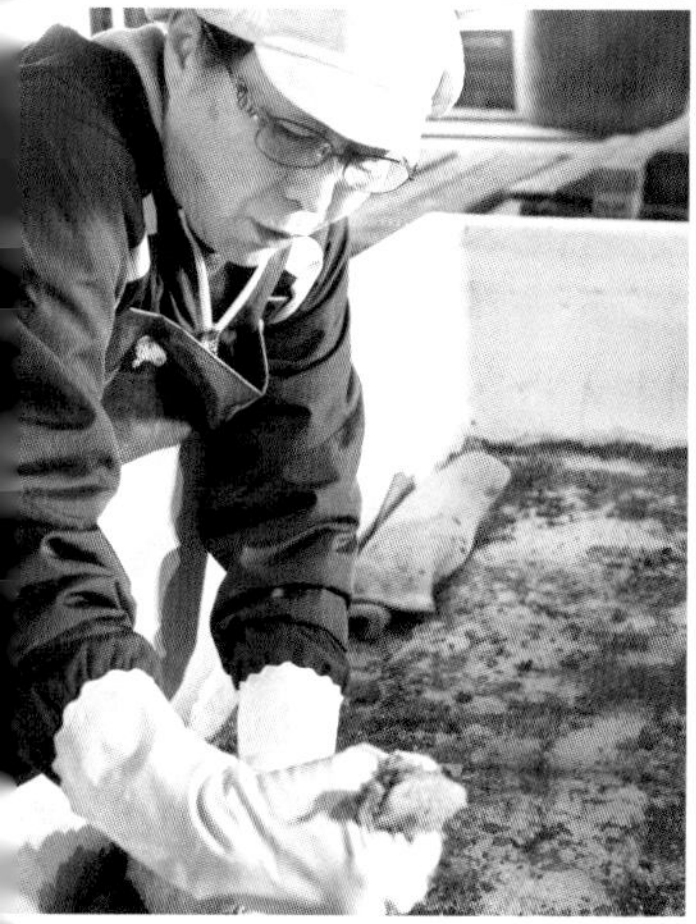

左上から右へ、御薗大根を干す（三重県伊勢市）、広島菜漬けをご飯にまいて食べる（広島県広島市）、麦味噌をつくる（鹿児島県姶良市）、しそ巻き梅干しをかめに詰める（青森県弘前市）、漬け床から伊勢たくあんを出す（三重県伊勢市）、わかさぎの佃煮をつくる（茨城県かすみがうら市）、やたら漬けに入れる材料（兵庫県宍粟市）、しゃくし菜の畑（埼玉県秩父市）　写真／長野陽一、高木あつ子、五十嵐公、小林キユウ

全集

伝え継ぐ 日本の家庭料理

漬物・佃煮・なめ味噌

2020年11月10日　第1刷発行
2024年１月25日　第2刷発行

企画・編集
一般社団法人 日本調理科学会

発行所
一般社団法人 農山漁村文化協会
〒335-0022 埼玉県戸田市上戸田 2-2-2
☎ 048-233-9351（営業）
☎ 048-233-9372（編集）
FAX 048-299-2812
振替 00120-3-144478
https://www.ruralnet.or.jp/

アートディレクション・デザイン
山本みどり

制作
株式会社 農文協プロダクション

印刷・製本
TOPPAN株式会社

＜検印廃止＞
ISBN978-4-540-19194-7

Printed in Japan
定価はカバーに表示

乱丁･落丁本はお取替えいたします

本扉裏写真／長野陽一（三重県・伊勢たくあん）
扉写真／長野陽一（p5、33、61）、高木あつ子（p83、95）

本書は「別冊うかたま」2019年9月号を書籍化したものです。

「伝え継ぐ 日本の家庭料理」出版にあたって

一般社団法人 日本調理科学会では、2000 年度以来、「調理文化の地域性と調理科学」をテーマにした特別研究に取り組んできました。2012 年度からは「次世代に伝え継ぐ 日本の家庭料理」の全国的な調査研究をしています。この研究では地域に残されている特徴ある家庭料理を、聞き書き調査により地域の暮らしの背景とともに記録しています。

こうした研究の蓄積を活かし、「伝え継ぐ 日本の家庭料理」の刊行を企図しました。全国に著作委員会を設置し、都道府県ごとに 40 品の次世代に伝え継ぎたい家庭料理を選びました。その基準は次の 2 点です。

①およそ昭和 35 年から 45 年までに地域に定着していた家庭料理
②地域の人々が次の世代以降もつくってほしい、食べてほしいと願っている料理

そうして全国から約 1900 品の料理が集まりました。それを､「すし」「野菜のおかず」「行事食」といった 16 のテーマに分類して刊行するのが本シリーズです。日本の食文化の多様性を一覧でき、かつ、実際につくることができるレシピにして記録していきます。ただし、紙幅の関係で掲載しきれない料理もあるため、別途データベースの形ですべての料理の情報をさまざまな角度から検索し、家庭や職場、研究等の場面で利用できるようにする予定です。

日本全国 47 都道府県、それぞれの地域に伝わる家庭料理の味を、つくり方とともに聞き書きした内容も記録することは､地域の味を共有し、次世代に伝え継いでいくことにつながる大切な作業と思っています。読者の皆さんが各地域ごとの歴史や生活習慣にも思いをはせ、それらと密接に関わっている食文化の形成に対する共通認識のようなものが生まれることも期待してやみません。

日本調理科学会は 2017 年に創立 50 周年を迎えました。本シリーズを創立 50 周年記念事業の一つとして刊行することが日本の食文化の伝承の一助になれば、調査に関わった著作委員はもちろんのこと、学会として望外の喜びとするところです。

2017 年 9 月 1 日

一般社団法人 日本調理科学会　会長　香西みどり

＊なお、本シリーズは聞き書き調査に加え、地域限定の出版物や非売品の冊子を含む多くの文献調査を踏まえて執筆しています。これらのすべてを毎回列挙することは難しいですが、今後別途、参考資料の情報をまとめ、さらなる調査研究の一助とする予定です。

＜日本調理科学会 創立 50 周年記念出版委員会＞
委員長　香西みどり（お茶の水女子大学教授）
委　員　石井克枝（千葉大学名誉教授）
同　今井悦子（聖徳大学教授）
同　真部真里子（同志社女子大学教授）
同　大越ひろ（日本女子大学名誉教授）
同　長野宏子（岐阜大学名誉教授）
同　東根裕子（甲南女子大学准教授）
同　福留奈美（東京聖栄大学准教授）